슈퍼리치는 해외주식에 투자한다

슈퍼리치는

전래훈 지음

Super Rich Invest in Global Eguity

해외주식에

투자한다

시작부터 포트폴리오까지,
손쉽게 따라하는 투자 가이드

북스톤

우리나라도 일본의 '잃어버린 20년'처럼 저금리·저성장·저수익 시대에 들어섰다. 근로소득으로 돈을 버는 것도 중요하지만 어떻게 내 자산을 운용할 것인가가 더 중요해진 것이다.

이미 한국의 투자자들은 국내 위주 포트폴리오에서 벗어나 해외 투자로 눈을 돌리기 시작했다. 한국증시는 외부변수에 취약한 편이지만 미국증시, 중국증시 등 글로벌 대표 증시들은 비교적 흔들림 없이 뛰어난 수익률로 투자자에게 보답하고 있어 그 열풍이 더욱 커지는 듯하다. 그래서일까? 한국예탁결제원 통계를 살펴보면 최근 우리나라 국민들의 해외주식 예탁자산과 거래대금이 매월 역대 최대치를 경신하고 있다. 삼성전자, 현대자동차처럼 한국 1등 기업에만 주목하던 투자자들이 이제는 아마존, 구글, 마이크로소프트 등 글로벌 1등 기업까지 적극적으로 시야를 넓히는 중이다.

시대가 바뀌고 있다. 오전에 옳았던 것이 오후에는 틀린 것이 될 정도로 글로벌 세상은 빠르게 변화한다. 고전적인 투자방식에서 벗어나, 수익을 창출할 수 있는 곳이라면 태평양 건너의 주식에도 내

자산을 실을 수 있을 정도로 기민하게 트렌드를 쫓아가는 시대. 이것이 지금 대한민국 투자자들의 현주소다. 특히 해외주식은 그간 슈퍼리치들의 전유물이라는 인식이 강했지만 일반투자자들도 뛰어들어 대중화되기 시작하면서 그 관심은 더욱 커지고 있다.

저자인 전래훈 팀장은 이 책을 통해 '왜 해외주식에 투자해야 하며, 어떻게 투자해야 하고, 다른 이들은 어떻게 성공했는지, 무엇에 투자해야 하는지 등을 제시하면서 해외주식 내공을 스스로 쌓을 수 있는 소중한 인사이트를 제공한다. 고객과 직원들이 올바르게 해외주식을 공부하고 소중한 자산을 제대로 관리할 수 있도록 도운 저자의 노력에 박수를 보내며, 이 책을 펼친 독자들이 올바른 자산관리를 통해 행복한 미래를 그려갈 소중한 기회를 얻기 바란다.

2020년 5월
KB증권 대표이사 박정림

|추|천|사|

  글로벌 시가총액 대비 한국증시의 비중은 고작 2%. 이 좁은 세상
에서 외국인, 기관, 개인들이 매일 치열한 사투를 벌이고 있다. 98%
의 메인 플레이어들은 무시한 채 우리는 늘 2% 속에서 고집스럽게
자산을 굴려왔고, 당연히 결과는 만족스럽지 못했다. 하지만 그럼
에도 불구하고 꾸준히 수익을 낸 사람들이 있다. 바로 98%의 해외
주식에 투자한 슈퍼리치들이다. 미국의 달러 자산을 중심으로 다
양한 해외 통화와 관련 자산에 분산투자했던 슈퍼리치들은 시장이
출렁여도 늘 성과를 거두었다. 그들이 투자했던 글로벌 대표 기업
들의 수익률이 높았기 때문이다. 전 세계 다양한 곳에서 벌어들이
는 매출 포트폴리오와 폭발적인 성장, 탄탄한 재무, 꾸준한 배당과
주주가치 제고를 위한 노력까지. 한국주식에서는 보기 힘들었던 강
점에 슈퍼리치들은 일찍부터 주목하고 있었다.
  다행히 이제는 개인투자자들도 그 가치를 알아보고 세계로 눈
을 넓히고 있다. 2011년 기준 약 9조 원 수준이었던 해외주식 보관
금액이 현재는 약 54조원에 달한다는 사실이 그를 증명한다. (한국

예탁결제원 SEIBRO 통계) 일부만의 전유물이라 여겨졌던 해외주식의 대중화가 시작된 것이다.

저금리, 저성장, 저수익 시대다. 주저할 틈이 없다. 달리는 말이 '한국산 말'인이지 '외국산 말'인지는 중요하지 않다. 캄캄한 노후를 밝혀주고 내 자산을 불려준다면 주저 없이 올라타야 한다.

저자인 전래훈 팀장은 고객들이 줄 서서 그의 강의를 듣고 싶어 할 정도로 정평이 나 있는 해외주식 전문가다. 본사에서 프런트·미들·백 해외주식 업력을 다진 후 KB증권 강남지역 핵심 점포인 대치지점에서 전사 최우수PB에 선정됐으며, 현재는 다시 본사로 돌아와 컨설팅을 맡으면서 세일즈, 고객 응대, 성과달성까지 이뤄낸 최고의 필드형 인재다. 바쁜 업무와 출장 속에서도 시간을 내어 책을 집필해준 노력과 열정에 박수를 보낸다. 부디 이 책을 통해 많은 투자자들의 소중한 자산 증식에 큰 도움이 되기를 간절히 바란다.

2020년 5월

BNK자산운용 대표이사 이윤학

슈퍼리치의 해외투자는
이것이 다르다

"대표 기업 수익률 몇 개만 비교해보세요, 국내주식을 살 이유가 없어요."

해외주식 열풍이 불면서, 국내주식에만 투자하던 투자자들이 해외시장으로 눈을 넓히고 있다. 가장 큰 이유는 역시 '수익률'일 것이다. 안정성을 믿고 국내 대형주에 투자해도 안정적으로 하락하기 일쑤이고, 저금리, 저성장, 저수익 3저 국면에 접어들면서 이 하락세는 더욱 뚜렷해졌다.

하지만 왜 해외주식에 투자하느냐는 질문에 수익률로만 답한다면 논리가 무척 빈약해진다. 해외주식이라 해서 모든 종목 수익률이 늘 좋을 수는 없고, 하늘이 두 쪽 나도 우상향만 하는 것도 아니다. 단순히 '국내주식은 재미없고 수익도 낮으니 상대적으로 수익률이 좋은 해외주식을 해보자'고 접근한다면 기대한 만큼 성과를 거두기 어렵다는 말이다.

바로 이것이 필자가 책을 쓴 이유다. 왜 해외주식에 투자해야 하는지, 어떤 기업 주식이 왜 좋은지, 어떻게 투자해야 하는지를 공부하기 위해서다.

필자는 증권사에 입사한 후 지금까지 해외주식을 전담해왔고, 대치동에서 자산가들의 자산관리를 맡아 성과를 내며 최우수PB로 선정되기도 했다. 뿌듯하고 보람찬 순간도 많았지만, 한편으로는 늘 '슈퍼리치와 전문투자자의 경험과 노하우를 개인투자자, 초보 투자자에게도 공유할 수 있다면 얼마나 좋을까' 하는 생각이 떠나지 않았던 것도 사실이다.

개인투자자들이 하는 실수는 크게 3가지다.

첫째, 한 군데에만 '몰빵' 투자한다.

둘째, 분산투자를 해도 원화 기반으로 한국주식, 한국펀드, 한국채권, 한국ELS에만 분산한다.

셋째, 전문가 의견이나 시장흐름이 아니라 '이 기업이 좋더라'는 단기성 정보에 의존한다.

하지만 슈퍼리치들은 다르다. 해외주식, 그중에서도 유망 섹터, 유망 종목에 투자해 많은 자산을 더 빠르게 불렸다. 남들이 돈을 잃을 때 슈퍼리치들은 오히려 더 벌었다. 이들은 절대 원화(KRW)로만 포트폴리오를 구성하지 않는다. 환율 포트폴리오가 해외주식 투자의 핵심이기 때문이다. 이들은 적게는 3개국에서 많게는 7개국 이상의 외화를 반드시 보유하고, 그 환을 토대로 해외주식, 해외채권, 해외부동산 등에 투자한다. 설령 한 국가에 위기가 닥쳐도 다른 국가의 외화가 받쳐주면서 자체 위험분산 효과까지 낸다. 말하자면 돈이 돈을 버는 것이다. 또한 글로벌 1등주, 시장을 선도하는 1등 기업들을 공부해서 투자하는데, 이때도 절대 한 종목에만 올인하지 않고 여러 기업에 분산투자한다.

반면 개인투자자들은 소액으로 투자하니 한 종목에 올인하고, 다시 패하고, 주식은 도박이라는 고정관념만 강해진 채 투자를 멈추고 만다. 악순환이다. 이래서는 '해외주식은 수익이 난다고 해서 투자했는데 결국 또 손해만 봤다'는 결론으로 끝날 것이 뻔하다.

개인투자자들도 투자방식을 바꾸어야 한다. '소액이 아니라 거액으로 투자하라'는 말이 아니다. 해외투자는 슈퍼리치만의 전유물이 아니며, 돈이 많아야 할 수 있는 것도 아니다. 내가 어디에 투자하는지, 왜 투자하는지를 정확히 알고 기업과 시장 상황을 면밀히 지켜보면 된다. 내 기준을 잡고 금융 IQ를 쌓아가면 해외투자로 수익을 내는 것은 얼마든지 가능하다.

해외주식은 어렵지 않다. 제대로 꾸준히 공부한다면 누구나 투자할 수 있고, 누구나 경제적 자유를 얻을 수 있으며, 나아가 슈퍼리치가 될 수 있다. 투자의 세상은 전쟁터라지만, 개인투자자들도 얼마든지 자기 힘으로 살아남을 수 있고 성공할 수 있다. 그러기를 바라는 간절한 마음에서 이 책을 썼다.

필자의 제안을 흔쾌히 받아주시고 컨셉과 교정 등 집필의 모든 과정을 함께해주신 북스톤 출판사 분들에게 감사드린다. 추천사

를 써주신 KB증권 박정림 대표이사님, BNK자산운용 이윤학 대표
이사님께도 깊은 감사의 말씀을 전한다. 늘 든든하게 지원해주셨
던 KB증권 이홍구 WM총괄본부장님, 박강현 경영지원총괄 전무
님, 금원경 WM사업본부장님과 해외주식 전문가로 성장하는 과정
에서 가장 많은 가르침을 주신 KB증권 민성현 부장님, 허태형 과장
님, 하나금융투자 글로벌주식영업실 박상현 상무님, 글로벌BK솔루
션부 부서원 분들과 해외주식 컨설팅팀 팀원 동생들에게도 감사하
다는 말씀 드리고 싶다. 마지막으로, 늘 힘이 되어주는 아내 미연과
아들 지호에게 고맙고 사랑한다는 말을 전한다.

2020년 5월 맑은 햇살이 내리쬐는 어느 멋진 날, 서울에서
전래훈

|C|O|N|T|E|N|T|S|

PART 1. 왜 해외주식에 투자해야 하는가

PART 2. 해외주식, 어떻게 투자하는가

PART 3. 강남 부자들의 포트폴리오는 어떨까?
: 해외주식 실제 투자사례

PART 4. 테마로 접근하는 해외주식
: 어디에 투자할 것인가?

PART 5. 전 팀장의 해외주식 실전 포트폴리오

| 부록 |

wh

PART 1

왜 해외주식에 투자해야 하는가

주변에서 해외주식 투자하는 분들을 보면 패턴이 비슷하다. 아는 사람이 해외주식에 투자한다고 하니 덩달아 시작하는 것이다. "누구는 아마존 사서 대박 났다던데, 넌 안 해?" 하면 "그래~?"라며 마음이 동하는 심리.

모든 투자는 자신이 주도해야 한다. 아마존이 아무리 잘나가도 코로나19 같은 세계적 고난 앞에서는 미국증시 또한 폭락할 수밖에 없고, 아마존만 독야청청 상승할 수도 없다. 아무리 좋은 기업이라도 주식이 하락하는 시점은 반드시 온다. 하지만 미래 성장을 위해 투자를 게을리하지 않는 기업이라면 다른 기업들보다 위기를 빨리 극복할 수 있다. 그만큼 주가회복도 빠른 건 당연하다. 해당 기업에 대한 기초정보를 알아야 하는 이유다. 그래야 나름의 투자기준을 세울 수 있고, 일시적인 등락에 일희일비하지 않을 수 있다.

특히 주가가 오를 때보다 떨어질 때 기준이 있으면 더 힘이 된다. 내가 산 아마존 주식이 떨어져도 "아마존이 저렇게 혁신을 계속하는데 나도 더 버티고 기다려야지" 하고 인내심을 발휘할 수 있다. 하지만 무턱대고 남들 따라서 투자했다면 주가가 조금만 떨어져도 겁을 먹고 얼른 팔아버린다. 그리고 반등한 주식을 보면서 '내가 파니까 다시 오르네?' 하고 다시 산다. 주관이 없다. 이런 식으로 투자하면 반드시 실패한다. 그러니 해외주식에 투자하더라도 왜 지금 해외주식을 해야 하는지 스스로 설명할 수 있어야 한다. 지금부터 하나씩 이유를 찾아보자.

STOCK MARKET

빅테크 시대, 세계적인 혁신기업은 해외에 있다

해외주식이
매력적인 이유
1

　20쪽의 도표는 1999년과 2019년 글로벌 시가총액 1~10위 기업 리스트다. 1999년은 세계적으로 닷컴버블이 한창일 때였다. 기업명에 '닷컴(.com)'만 붙으면 무조건 주가가 오르던 시절이었다. 그런데 흥미로운 것은, 정작 시가총액 상위권에는 닷컴기업(IT기업)이 많지 않았다는 사실이다. 마이크로소프트가 1위이긴 하지만 뒤를 이은 GE는 전통적인 제조업체고 4위인 엑슨모빌은 정유회사다. 5위 월마트는 유통기업이고, NTT는 일본 최대 통신사이며, 10위에 오른 BP는 영국의 정유회사다. IT기업 열풍이 '버블'이라 불릴 정도로 뜨거웠음에도 톱10 종목은 다 정유, 통신, 은행, 화학과 같은 올드이코노미(Old Economy) 기업이었다.

⟨1999년, 2019년 글로벌 시가총액 톱10 기업⟩

2019   ■ 테크 기업 ■ 논테크 기업

기업	시가총액
마이크로소프트	1조 500억 달러
아마존	9430억 달러
애플	9200억 달러
알파벳	7780억 달러
페이스북	5460억 달러
버크셔해서웨이	5070억 달러
알리바바	4350억 달러
텐센트홀딩스	4310억 달러
비자	3790억 달러
존슨앤존슨	3760억 달러

1999   ■ 테크 기업 ■ 논테크 기업

기업	시가총액
마이크로소프트	5830억 달러
GE	5040억 달러
시스코	3530억 달러
엑슨모빌	2830억 달러
월마트	2830억 달러
인텔	2710억 달러
NTT	2620억 달러
루슨트테크놀로지	2520억 달러
노키아	1970억 달러
BP	1960억 달러

출처 | 블룸버그

어떤가, 지금 당신에게 이들 종목을 구매하라고 한다면 선뜻 응하겠는가? 그럴 분은 많지 않을 것이다. 예컨대 누가 한국 보험주를 사라고 하면 '지금 그걸 왜 사?'라고 되묻지 않을까? 이미 성장이 둔화되었고, 5000만 대한민국이라는 작은 시장 안에서 치열하게 경쟁 중인 레드오션 산업이기 때문이다.

바야흐로 '빅테크'의 시대다. 2019년 기준 시가총액 톱10 기업을 보라. 대부분 IT기업이다. 1위는 마이크로소프트, 2위 아마존, 3위 애플, 4위는 알파벳이다. '알파벳이 어디지?' 싶은 분도 있을 텐데 구글이라 이해하면 된다. 구글은 알파벳의 다양한 자회사 중 'G'를 맡고 있는데, 현재로서는 대부분의 매출을 구글이 내고 있으니 당분간은 '알파벳=구글'이라 생각해도 될 것이다. 구글 주식을 사고 싶으면 알파벳 주식을 사면 된다는 말이다.

상위 10개 기업 가운데 테크 기업이 아닌 경우는 버크셔해서웨이, 비자, 존슨앤존슨 3곳뿐이며, 그중에서도 제조기업은 존슨앤존슨 뿐이다. 애플은 아이폰이나 맥 같은 하드웨어도 만들지만 iOS라는 소프트웨어를 제공하기 때문에 제조업으로 분류하기엔 애매하다. 모바일로 움직이는 세계에 거대한 플랫폼을 제공한다 봐야 한다.

애플만이 아니라 마이크로소프트, 아마존, 알파벳(구글), 페이스북, 알리바바, 텐센트 등 시가총액 톱10 IT기업들의 면면을 보면 하나같이 '모바일 플랫폼'을 기반으로 움직이는 서비스라는 공통점이 있다. 우리는 아침에 눈을 뜨면 스마트폰부터 손에 쥔다. 메신저를 확인하고 페이스북이나 인스타그램에 들어갔다가 포털사이트에서 뉴스를 본다. 앱을 다운받고 그 앱으로 물건을 주문하거나 택시를 부른다. 하루 생활이 스마트폰 안에서 대부분 이루어질 수 있다. 오늘날 사람들은 스마트폰으로 접할 수 있는 비즈니스에 돈을 쓰며, 그 돈을 매출로 가져가는 기업만이 성장한다.

그렇다면 카드회사인 비자(Visa)는 어떤 역량으로 톱10에 이름을 올릴 수 있었을까? 은행 결제를 대체하는 역량이다. 비자는 흔히 생각하는 단순한 신용카드 회사가 아니다. 필자도 고객 분들에게 항상 비자를 추천하는데, 그때도 '비자는 신용카드 회사가 아니'라고 강조하곤 한다. 지갑을 열어 카드를 꺼내보라. 삼성카드든 현대카드든 겉면에 작게 비자 로고가 있을 것이다. 즉 비자는 이들 카드사에 결제 시스템을 제공하고, 그 대가로 수수료를 받는다. 오늘날은 온라인, 오프라인 할 것 없이 거의 다 신용카드로 결제하는데, 이 모든 결제의 중심에 비자가 활약하고 있다. 그러니 결제방식이 어떻게 진화하든 비자는 돈을 벌 수밖에 없는 구조다.

극명하게 보이지 않는가? 우리는 이미 플랫폼 및 빅테크 기업의 시대에 와 있다. 전통적인 제조업은 불리할 수밖에 없다.

문제(?)는 지금부터다. 이처럼 테크 기업이 우리 일상에 깊숙이 들어와 있지만, 정작 한국기업은 많지 않다. 2019년 시가총액 톱10 기업에도 한국기업은 없다.

지금은 아니더라도 조만간 톱10에 들 가능성은 없을까? 기업의 성장 가능성을 예측하고 싶을 때 유용한 판단기준이 있다. R&D, 즉 미래를 위한 연구개발에 얼마나 투자하는지 보는 것이다.

각 부문별로 R&D에 가장 공격적으로 투자하는 기업을 아래에 나열해보았다. 유통에서는 단연 아마존이다. 전자기기에서는 한국의 삼성전자가 보인다. 소프트웨어 부문은 미국기업 알파벳이 1위고, 마이크로소프트, 페이스북, 오라클 등의 글로벌 기업이 뒤를 잇는다. 한국의 네이버나 카카오는 안타깝게도 아직 순위권에 없다.

〈R&D에 가장 많이 투자하는 기업들〉

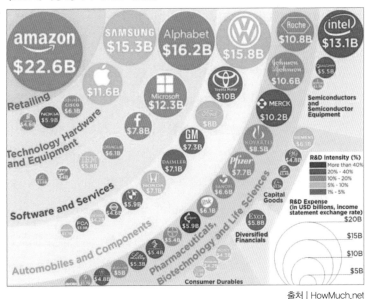

출처 | HowMuch.net

자동차 부문에서도 마찬가지여서 폭스바겐, 도요타 등은 순위에 오른 반면 현대나 기아자동차는 명단에 없다. R&D 투자규모가 글로벌 기준으로는 미약하다는 뜻이다.

해외주식을 사라고 하면 '그래도 한국기업을 살려야지 왜 해외주식만 사라고 하냐'고 되묻는 분들을 만나게 된다. 필자 또한 해외주식이 무조건 정답이라고 주장하는 건 아니다. 그러나 세계 1위 기업, 1등 혁신기업을 찾다 보면 해외기업, 그중에서도 미국기업이 많기 때문에 자연히 해외주식을 권하게 된다. 더욱이 글로벌 스탠더드가 미국기업 주도로 형성되는 만큼 미국기업에서 혁신이 시작되는 흐름은 당분간 계속되리라 전망할 수 있다.

예를 들어보자. 최근 우리나라 투자자 사이에서 제약주가 뜨거운 화두로 떠올랐다. 특히 2019년에는 코스닥 상위종목을 IT기업이 아닌 제약주가 차지하는 이례적인 현상이 나타나며 신라젠 같은 제약기업의 시가총액이 7조 이상으로 뛰어오르기도 했다. 우리나라 제약기업 중에는 여전히 적자기업이 많지만, 신약개발 한 건만 성공해서 글로벌 제약회사에 팔면 대박이 날 거라 믿고 투자하는 것이다. 이것을 실체 있는 믿음이라 볼 수 있을까? 실제로 신라젠은 항암치료 신약을 개발했지만 글로벌 임상실험에서 가치를 인정받지 못해 주당 15만 원이 넘었던 주가가 1만 원 수준으로 추락하기도 했다.

주식투자로 수익을 얻고자 한다면 국내 제약회사가 신약을 개발해 글로벌 기업에 판매하는 희박한 가능성에 기대기보다는, 그 신약을 사는 글로벌 기업에 투자하는 편이 확실하다. 글로벌 톱10에 항상 드는 존슨앤존슨을 필두로 화이자, 머크, 글락소, 사노피, 일라이릴리 등 이른바 '빅파마(Big Pharma)' 기업의 주식에서 수익을 올릴 가능성이 더 높다는 말이다. 이들은 오랜 역사와 기술력을 바탕으로 제약 및 헬스케어 시장을 선도하고 있다. 안정적인 데다 배당도 많이 한다. 더욱이 존슨앤존슨은 베이비로션부터 시작해 헬스케어 제품 전반을 생산하기 때문에 우리에게도 굉장히 익숙한 기업이다. 물론 머크나 글락소 등은 생소할 수도 있지만 병원 처방약이나 약국에서 사는 제품을 살펴보면 우리가 이미 이들 제품을 많이 사용하고 있다는 사실을 알 것이다. 그러니 모르는 기업이라고 어렵게 생각하지 말고, 일상에 밀접한 제품과 서비스를 고른다는 마음으로 접근해보자.

이런 관점에서 최근 눈여겨봐야 할 나라는 중국이다. 글로벌 톱 10 기업 중 미국과 영국을 제외하면 두 곳이 남는데, 바로 알리바바와 텐센트다. 알리바바는 중국의 아마존, 텐센트는 중국의 카카오라 할 수 있다. 알리바바는 한국에도 잘 알려진 반면 텐센트는 생소할 수 있는데, 우리나라의 카카오가 벤처로 시작했을 때 지분 투자를 두 번째로 많이 한 곳이 바로 텐센트이며 지금도 카카오의 주요 주주 중 하나다. 텐센트에게 카카오는 투자대상이자 일종의 베타 테스터이기도 한데, 카카오가 초반에 무료메신저 서비스로 대박을 치자 텐센트도 중국에서 위챗을 시작해 성공한 것이 그 예다.

텐센트는 그 후로도 카카오가 하는 모든 시범 서비스를 지켜보다가 성공모델을 중국에 적용하는 사업방식으로 실패확률을 줄이고 성과를 내고 있다. 짝퉁이라 비난할지 모르지만 성과는 월등하다. 세계에서 가장 널리 퍼진 모바일 메신저는 왓츠앱과 페이스북 메신저지만, 가장 많은 사람이 이용하는 메신저는 중국의 위챗이다. 중국인만 쓰지만 인구가 워낙 많아 사용자가 10억 명이다.

우리나라 투자자들은 2008년 모 금융사의 중국 펀드로 손해 봤던 기억 때문에 중국주식을 꺼리는 경향이 있다. 그러나 투자를 하려면 고정관념에서 벗어나야 한다. 자기 원칙은 세우되 자기 고집에 빠지면 안 된다. 오늘 나빴어도 내일 좋아질 수 있는 게 주식이다. 지금도 필자는 고객 분들에게 다양한 중국주식을 추천하는데, 100% 넘는 수익률로 화답하고 있다.

'와타나베 부인'의
포트폴리오를 보라

해외주식이
매력적인 이유
2

"국내주식도 무서워서 안 하는데 해외주식을 어떻게 해요?"

해외주식을 권하면 가장 많이 듣는 말이다. 최근 주식에 대한 관심이 높아지면서 개인들도 '이참에 한번 들어가 볼까' 고민하는 분들이 많아졌지만, 아직은 경험이나 지식이 부족해서인지 해외주식까지는 생각하지 않는 경우가 많다. 개인이 하기에는 너무 어려운 전문가의 영역이라 지레짐작하는 것이다. 이런 분들에게 필자는 '와타나베 부인' 이야기를 들려드린다.

우리나라 경제발전이나 사회변화를 전망할 때 흔히 일본을 예로 들곤 한다. 현재 우리나라는 저성장이나 인구변동 등 다양한 문제에 직면해 있는데, 일본은 10~15년 전에 이 문제들을 먼저 겪었으니 우리나라 미래 예측에 참고하는 것이다. 어떤 길을 가려고 할 때 앞서 갔던 누군가의 사례가 있으면 도움이 되니 말이다.

일본은 1980년대 중반 경제호황을 구가하다 1985년 '플라자합의'를 기점으로 침체기에 접어들어 '잃어버린 20년'을 맞게 된다. 일본의 국내총생산이 미국을 앞지르며 세계1위 경제대국에 올라서자 위기감을 느낀 미국이 다른 나라들을 압박해 일본 엔화를 평가절상하며 달러 가치를 상대적으로 떨어뜨린 것이다. 이 바람에 일본인들이 보유하고 있던 미국 국채 가치가 반 토막 나고 일본의 외환보유고도 3분의 2 수준으로 떨어지며 기나긴 침체의 늪에 빠졌다.

'잃어버린 20년' 동안 일본 닛케이지수는 4만 포인트에서 1만 포인트까지 빠졌다. 코스피로 치면 2000포인트가 500포인트가 돼버린 셈이다. 도요타, 파나소닉, 소니 등 개인투자자들이 대형주라 믿고 샀던 주식들도 죄다 4분의 1토막이 났다.

지금 우리는 어떤가? 사정은 크게 다르지 않다. 저성장, 저금리, 저수익의 '제로시대'가 되면서 어디에 돈을 넣어도 수익을 기대하기 어려워졌다. 그나마 나오는 수익도 세금 떼고 나면 푼돈이다.

그렇다면 저성장 시기를 먼저 겪은 일본인들은 오늘날 어떻게 투자하고 있을까? 그들의 투자 포트폴리오에는 기나긴 경기침체기에 터득한 투자 노하우가 들어 있을 것이다. 특히 일본 주부들은 '잃어버린 20년' 동안 남편이 벌어오는 수입을 관리하며 저축 및 투자를

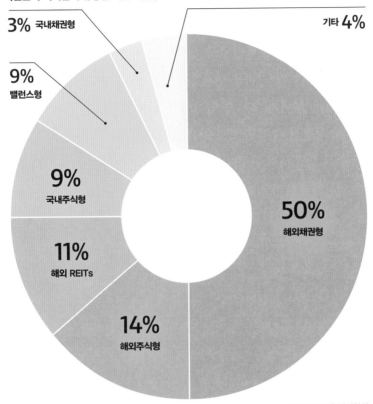

〈일본 투자자들의 유형별 자산 비중(2018년 기준)〉

3% 국내채권형

기타 4%

9% 밸런스형

9% 국내주식형

11% 해외 REITs

50% 해외채권형

14% 해외주식형

출처 | 일본은행연합회

전담해 자산을 불리는 역할을 담당했다. 일반 개미투자자지만 안정성만 추구하지 않고 일본 국내와 해외를 넘나들며 고수익을 추구해 투자세계에서 '와타나베 부인(Mrs. Watanabe)'이라는 별칭을 얻었을 정도로 적극적이다.

자, 와타나베 부인은 과연 어디에 어떻게 자산을 배분할까? 2018년 기준 일본인들의 유형별 자산비중을 보면 자산의 절반을 해외채권에 묶어둔 것을 확인할 수 있다. 자산이 1억 엔이면 5000만 엔이 해외채권이다. 그다음 투자처는 일본채권일까? 아니다. 해외주식, 다음은 해외리츠다. 즉 안정성이 높은 채권에 가장 많이 넣고 그다음 부동산, 주식 순으로 자산을 배분한 것이다. 단, 채권, 부동산, 주식 모두 해외 위주다. 일본주식은 1억 엔 중 900만 엔밖에 없다. 일본채권은 더 적어서 3%밖에 되지 않는다. 일본인들도 국내투자의 가능성을 높이 본 것은 아니라는 의미다.

한창 잘나갈 때 일본에는 300개 이상의 증권사가 있었다. 하지만 지금은 70여 곳밖에 없다. 230개 증권사 직원들이 다 실업자가 된 것이다. 증권사 직원뿐일까? 그들을 믿고 일본주식과 일본채권에 투자한 일반투자자들도 위기에 빠졌을 것이다. 살아남은 것은 해외주식, 해외채권, 대체투자에 특화된 증권사와 고객뿐이고, 이들만이 위기에서도 생존해 이러한 포트폴리오를 만들어갔다.

해외주식을 막연히 두렵게 느낄 수 있지만, 도표에서 확인한 것처럼 해외주식에 분산투자하는 편이 국내주식에 올인하는 것보다 오히려 더 안정적이다. 더욱이 앞서 살펴본 대로 해외기업들이 오늘날 세계경제를 주도하고 있는 만큼 해외주식 붐은 잠깐의 유행으로 끝나지 않을 것이다.

해외투자가 아니면
수익 내기 어렵다

해외주식이
매력적인 이유
3

일본 개인투자자의 자산배분을 보았으니 이번에는 우리나라 '큰손'의 투자패턴을 살펴보자. 바로 국민연금이다. 소득이 있는 우리나라 국민이라면 의무적으로 가입하게 돼 있는 국민연금은 500조 원을 굴리는 세계적인 큰손 중 하나다.

2019년 국민연금은 10월까지 8.23%의 수익을 올렸고 해외주식으로만 30.63%의 수익을 거뒀다. 1%에도 못 미치는 은행 이자율에 비해 9배 가까운 수익을 냈으니 꽤 훌륭한 성과다.

32쪽 도표를 보면 2019년 연기금의 금융투자 포트폴리오는 6가지로 분산돼 있다. 마이너스를 기록한 종목이 없고 전체적으로 투자실적이 좋다. 그중에서도 눈에 띄는 것은 해외투자 실적이다. 해

〈국민연금 투자 포트폴리오〉

구분	2019년 10월		
	수익률(%)	평가액(10억 원)	비중(%)
기금자산 계	8.23	712,113	100.0
금융부문	8.25	710,990	99.8
국내주식	5.71	123,550	17.3
해외주식	**24.28**	**156,070**	**21.9**
국내채권	3.06	318,984	44.8
해외채권	13.04	30,638	4.3
대체투자	5.84	80,974	11.4
단기자금	1.32	774	0.1
공공부문	-	-	-
복지부문	1.00	168	0.0
기타부문	0.45	955	0.1

출처 | 국민연금공단 기금운용본부

외주식 수익률이 24%가 넘고, 해외채권도 비중은 낮지만 수익률 13%를 넘기면서 견실한 성적을 냈다. 그에 반해 국내주식 수익률은 6%가 채 되지 않는다. 해외주식에 비하면 4분의 1 수준이다.

다만 여전히 투자금의 45%가량은 국내채권에 묶어두고 있다. 자금 성격상 안정성이 중요하기 때문이다. 그럼에도 연기금이 국내주식보다 해외주식에 더 많이 투자한다는 것이 흥미롭지 않은가?

그동안 연기금은 국내주식이 하락세일 때 돈을 쏟아부어 주가폭락을 막아내는 등 한국증시의 버팀목 역할을 해왔다. 하지만 국민연금에 계속 그런 역할을 기대할 수 있을까? 가능성은 높지 않다. 국내증시를 받쳐주다가 손실을 입으면 안 되기 때문이다. 결국 국민연금도 해외주식 비중을 점점 키우는 쪽으로 가닥을 잡을 것이다.

500조 원을 굴리는 기관투자자만 이런 수익률을 낼 수 있을까? 그렇지 않다. 1000만 원 가진 사람도 똑같이 하면 된다. 대부분의 개인투자자들은 수중에 있는 돈을 드라마틱하게 굴릴 수 있는 곳을 찾는다. 돈을 은행에 넣어봐야 물가상승률도 못 쫓아가니 비트코인에 넣다가 반 토막 나고, 어느 주식이 잘된다기에 덩달아 샀다가 손해 보고, 결국 없는 사람은 점점 더 못 버는 시대가 되었다고 한탄한다. 물론 자산이 많을수록 돈 굴리기 유리한 것은 사실이지만, 자신의 투자패턴도 점검해봐야 하지 않을까?

1000만 원이든 100만 원이든 연기금처럼 포트폴리오를 잘 구성해 투자하면 좋은 수익을 기대할 수 있다. 물론 국내주식은 뭘 살지, 채권은 뭘 살지에 대해서는 자문을 구하고 공부도 하면서 차차 정해야겠지만, 연기금의 기준을 보고 큰 방향을 잡을 수는 있다. 투자금을 잃지 않고 1년에 10% 수준의 수익을 내기가 얼마나 힘든지 생각한다면, 연기금의 투자 포트폴리오는 안정성과 수익성을 모두 충족하는 매력적인 모델이 될 것이다.

당신이 잠든 사이에
돈을 벌어다준다

해외주식이
매력적인 이유
4

파이어족(FIRE, Financial Independence Retire Early)을 꿈꾸는 젊은 세대가 늘고 있다. 30대 후반, 늦어도 40대 초반에는 경제적 자립을 이뤄 조기 은퇴하고자 하는 사람들을 가리킨다. 엄청난 부를 거머쥐겠다는 것이 아니라, 조금 덜 쓰더라도 직장에 얽매이지 않고 자신이 하고 싶은 것을 하며 살겠다는 것이다.

만약 당신도 파이어족을 꿈꾸고 있다면 해외주식에 더욱 주목해야 한다. 투자수익 때문이 아니라 '배당수익' 때문이다.

월급이 오르지 않는 시대다. 해마다 경기는 나빠지고 구조조정은 일상이 되었다. 최근에는 코로나19까지 겹쳐 임원은 물론 직원들도 무급휴직에 희망퇴직 대상이 되고 있다. 이 와중에 물가는 계속 오르니 같은 돈으로 살 수 있는 물건은 점점 줄어든다. 월급만으로 돈 모은다는 생각은 사치다. 투잡을 뛰는 사람, 퇴근 후 아르바이트를 하는 사람이 점점 늘어나는 이유다.

하지만 그런 수고로움 없이 정기적으로 따박따박 입금되는 수입원이 하나 더 있다면 삶이 훨씬 안정되지 않을까? 그것도 10년 이상 꾸준히, 그리고 시간이 갈수록 점점 더 많은 돈이 들어온다면?

내가 투자한 주식을 통해 정기적으로 이익배당을 받는다면 충분히 가능한 미래다. 매매차익뿐 아니라 배당까지 노린다면 역시 해외주식을 해야 한다.

국내기업은 배당에 인색한 편이다. 삼성전자는 2019년에 최대실적을 거두었는데도 배당은 그다지 늘어나지 않았고, 주주들도 이의를 제기하지 않았다. 하지만 해외는 사정이 다르다. 특히 미국은 기업이 이익을 많이 내고도 배당을 늘리지 않거나 자사주 매입을 하지 않고 현금만 쌓아두면 주주들이 곧바로 단체소송을 건다. 미국은 '주주 자본주의'라는 표현이 있을 정도로 주주의 이익 실현 또한 경영의 주요 목적이라는 인식이 강하다. 그래서 기업들은 배당을 엄격하게 지키고, 실적이 좋아지는 만큼 배당금도 계속 늘려간다. 50년 연속 배당금을 늘려온 기업을 추려낸 '배당 킹(Dividends King)' 리스트가 있을 정도다. 앞서 언급한 비자도 대표적인 배당 성장주 중 하나인데, 비자의 10년간 배당금 추이를 살펴보자.

〈비자의 배당성장률(2009~2019년)〉

1주당 분기별 배당금

항목	수치
1년 배당성장률	21.21%
3년 배당성장률	21.32%
5년 배당성장률	18.95%

시점	배당금
2009년 3월	
2009년 10월	
2010년 5월	
2010년 12월	
2011년 7월	
2012년 2월	
2012년 9월	
2013년 4월	
2013년 11월	
2014년 6월	
2015년 1월	
2015년 8월	
2016년 3월	
2016년 10월	
2017년 5월	
2017년 12월	
2018년 7월	
2019년 2월	
2019년 9월	

0   0.2   0.4   0.6   0.8   1   1.2

단위 | 달러, 출처 | 시킹알파, 비자

도표를 보면 비자는 최근 몇 년간 해마다 평균 20%씩 배당을 늘려왔다. 10년 전에 비자 주식을 사서 주당 0.1달러 배당을 받았다면 지금은 주당 1.2달러, 즉 약 12배의 배당을 받을 수 있다는 뜻이다. 말 그대로 당신이 잠든 사이에도 돈을 벌어다주는 게 '배당투자의 매력'이다. 잠자는 동안에도 내가 투자한 기업의 임직원들이 일해서 돈을 벌고, 수익의 일부를 나에게 알아서 보내준다. 내 월급은 몇 년째 동결인데 주식투자한 회사에서 매년 배당을 20%씩 늘려준다면 당연히 내 자산을 묻어둘 가치가 있지 않을까? 전 세계 돈이 미국주식에 몰리는 이유 중 하나다.

물론 월급만큼 배당을 받으려면 투자금이 6억~7억 원 정도는 되어야 한다. 하지만 처음부터 큰돈을 들고 시작할 필요는 없다. 소액으로 시작해 수익과 배당금을 재투자하면 복리효과가 생겨 투자규모를 빠르게 키울 수 있다. 1000만 원을 투자하면 매달 들어오는 배당이 5만~6만 원 정도에 불과하지만, 수익 재투자를 통해 점점 덩치를 키우다 보면 매달 300만~500만 원이 들어오는 배당 포트폴리오도 꿈은 아니다. 월급에 얽매이지 않고 하고 싶은 일을 하며 살 수 있는 수준이 되는 것이다.

미국 파이어족의 투자패턴이 이러하다. 마흔 살이 되기 전에 배당주 투자로 10억 원을 모은 다음 현금화하지 않고 그대로 두어 매달 300만 원씩 배당금이 들어오게 만들어놓고 여행 다니면서 사는 것이다.

비단 파이어족이 아니더라도 미국인들은 이미 50여 년 전부터 배당주 투자를 꾸준히 해오고 있으며 관련 투자안내서도 많다. 이들은 시세차익이 아니라 장기적인 배당수익을 노리기 때문에 일시적으로 주가가 떨어지더라도 급하게 팔지 않는다. 오히려 최근 같은 폭락 시점을 싼값에 주식 모을 기회로 생각하는 편이다. 위기는 잠깐이고, 수익을 내는 기업은 어떻게든 배당을 늘려갈 거라 믿는다. 이런 신뢰 덕분에 오랜 기간 기업과 한 길을 걷는 '건전한 투자'가 가능하다.

이는 물론 배당을 늘려갈 때의 이야기이며, 매월 혹은 분기마다 배당을 하기에 가능한 일이다. 반면 국내기업은 1년에 한 번만 배당하는 터라 같은 배당주 투자라도 '치고 빠지는' 유형이 많다. 연말 찬바람이 불 즈음 잠깐 목돈 내서 주식을 샀다가 1~2% 정도의 배당을 받고 다시 팔아버리는 것이다. 배당률이 높은 편은 아니지만 어쨌든 2~3개월 동안 2%라도 벌었다면 은행에 1년 맡기는 것보다 괜찮은 투자라면서 말이다. 체리피커처럼 2~3개월만 투자하는 사람들에게 가치투자를 기대하기란 요원하다.

알고 보면 우리에게 익숙한 기업들

해외주식이 매력적인 이유 5

수익률도 높고 배당도 많이 한다니 해외주식이 좋은 건 알겠는데, 막상 해보려니 어디에 투자해야 할지 모르겠다. 이렇게 말하는 분들에게 필자는 '오늘 아침 눈 뜬 순간부터 무엇을 사용하고 어디에 돈을 썼는지' 생각해보시라고 권해드린다.

필자의 경우를 예로 들어보자. 서울 마포에 사는 전 팀장은 아침에 눈 뜨자마자 구글 안드로이드가 탑재된 삼성 갤럭시폰을 열어 페이스북을 보고, 질레트로 면도하고, 아마존에 들어가 아내에게 선물할 에어팟을 비자로 결제했다. 점심에는 맥도날드에서 햄버거를 먹고 코카콜라를 마셨으며, 나이키 매장에 들러 신발을 샀다⋯ 누구든 이런 식으로 끝도 없이 제품과 브랜드를 나열할 수 있다.

아래는 글로벌 100대 브랜드 명단이다. 이 중 모르는 브랜드가 몇 개나 있는지 한번 찾아보자. 실제로 고객들에게 물어보면 모르는 브랜드가 많아야 10개 정도다. 대부분 익숙하게 사용하고 있거나, 적어도 이름은 들어본 적 있다. 출근길에 스타벅스에서 커피를

〈글로벌 100대 브랜드〉

마시고, 캐논으로 프린트하고, 켈로그 시리얼로 한 끼를 채운다. 특히 필자를 비롯해 스타벅스에 자주 가는 사람들은 몇 만 원씩 현금을 충전해두고 쓰는데, 그렇게 스타벅스에 충전돼 있는 자산이 전 세계적으로 2조 4000억 원에 이른다. 충전한 돈에 스타벅스가 이자를 주는 것도 아닌데 말이다. 그럴 바에는 그 돈으로 스타벅스 주식을 사는 편이 낫지 않을까? 요즘은 MTS로 해외주식도 쉽게 살 수 있는 세상이니 말이다.

어렵게 생각할 것 없다. 내가 일상에서 사용하는 제품과 서비스를 제공하는 기업 주식을 사면 된다. 샤넬, 구찌, 3M, 존슨앤존슨, 마스터카드, 어도비 등 말이다. 하나같이 세계 1~2위를 다투는 기업들인데, 그만큼 매출도 꾸준히 증가하고 배당도 같이 늘려가고 있다. 어도비는 어딘지 모르겠다고? 어도비는 몰라도 PDF는 많이 쓸 것이다. 업무차 매일같이 접하는 PDF가 어도비 프로그램이다. 그뿐인가, 요즘에는 영상편집을 하느라 프리미어나 포토샵을 많이 쓰는데 이것도 어도비 제품이다. 기업명을 몰라도 내가 그 제품을 많이 쓴다면 제품 만든 회사를 검색해서 투자하면 된다.

다음 설문조사는 얼마 전 KB증권 대규모 세미나에서 진행한 것이다. 참석자 300명에게 글로벌 100대 기업 리스트에서 친숙한 브랜드와 투자하고 싶은 종목을 물었는데, 결과에서 알 수 있듯 평소 사용하는 브랜드와 투자하고 싶은 종목이 거의 비슷하게 나타났다. 그러니 모른다고만 하지 말고 아는 브랜드부터 시작하자. 내가

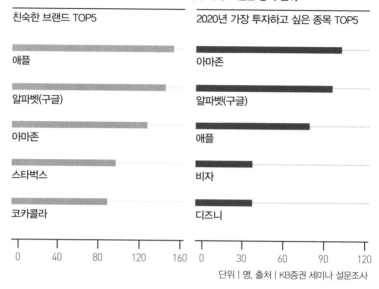

〈글로벌 100대 기업 중 친숙한 브랜드 톱5와 투자하고 싶은 종목 톱5〉

친숙한 브랜드 TOP5

애플

알파벳(구글)

아마존

스타벅스

코카콜라

0	40	80	120	160

2020년 가장 투자하고 싶은 종목 TOP5

아마존

알파벳(구글)

애플

비자

디즈니

0	30	60	90	120

단위 | 명. 출처 | KB증권 세미나 설문조사

소비하는 것에 기회가 있다.

　물론 내가 쓴다고 다 오를 종목은 아니니 지속적인 관찰과 공부는 반드시 필요하다. 예를 들어 당신이 언더아머(UA US)를 좋아하는데, 최근 언더아머 실적이 계속 적자라면 자신의 취향만 고집해서 주식을 사면 안 된다. 오히려 설령 당신이 싫어하는 브랜드라 해도 잘나가는 주식을 사야 한다. 내가 좋아하는 것을 기반으로 마음속 문턱을 조금씩 낮추되, 안정적인 수익을 올려줄 종목을 신중하게 선별해가자.

젊은 투자자들은
이미 하고 있다

해외주식을 권하는 마지막 이유는 아주 단순하다. 다른 사람들은 이미 다 하는데 당신만 안 하고 있기 때문이다. 특히 월급으로 노후를 보장받기 힘들다는 사실을 깨달은 젊은 층은 일찌감치 주식공부를 시작해 시장에 뛰어들고 있다.

다음 페이지 그래프를 보면 2016년부터 미국주식 투자가 치고 올라오는 것을 확인할 수 있다. 같은 기간 코스피나 코스닥은 여전히 답보 상태였다. 당시 분위기는 한마디로 '국내주식을 사봐야 소용없다. 미국주식이 답이다'로 요약할 수 있다.

중국주식 투자도 꾸준히 상승하는 추세다. 예전에는 투자가 거의 없었지만 2014년 상해증시와 홍콩증시에 상장된 주식을 한국인도 직접 매매할 수 있도록 허용하는 '후강통'이 실시되면서 본격적으로 한국 투자자들의 돈이 들어가기 시작했다. 그전에는 펀드를 통한 간접투자만 가능했는데, 직접투자가 가능해지면서 중국주식에 투자하는 이들이 늘고 있다.

오래 투자해온 분들은 의외로 이런 변화에 둔감한 편이다. 특히 나이 많은 분들은 애초에 해외주식 정보에 어둡기도 하고 투자성

〈국가별 해외주식 보관금액 현황〉

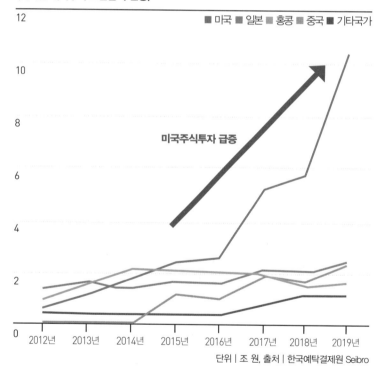

단위 | 조 원, 출처 | 한국예탁결제원 Seibro

향도 보수적인 편이다. 그러다 최근 뒤늦게 PB들의 추천을 받아 입문하는 경우가 늘기 시작했다.

이에 비해 젊은 층은 해외주식에 훨씬 적극적이다. 30~40대는 한국주식에서 쓴맛을 보고 해외주식으로 돌아선 경우가 많은 반면, 이보다 젊은 세대는 처음부터 해외주식으로 시작한다. 특히 최근 들어 20대 투자자들이 늘고 있다.

증권사에서는 일반인 대상으로 1년에 몇 차례씩 투자 세미나를 진행한다. 대개는 40대 이상 투자자들이 많고, 부동산 강의가 가장 인기다. 그런데 2020년 1월 세미나에는 젊은 층이 30% 이상이었다. 사회초년생, 심지어 직장인이 아닌 대학생들도 많았다. 이들은 필자가 진행한 배당주 투자 강연을 열심히 듣고는 세미나의 하이라이트 격인 부동산 강연은 듣지도 않고 자리를 떴다. 그들 입장에서는 어차피 부동산은 살 수도 없으니 들을 필요가 없었던 것이다. 반면 해외주식은 소액으로 1주라도 살 수 있으니 적은 자산으로 빨리 돈을 불릴 수 있다고 생각한다. 더욱이 테슬라나 아마존, 구글 같은 기업은 소비자로서 잘 아는 기업이고 투자정보도 빠르게 습득할 수 있으니 더 스스럼없이 투자를 결정한다.

투자 스타일도 세대마다 다르다. 50대 이상은 전문가에 의존하는 편이지만, 젊은 층은 스스로 공부하고 커뮤니티에서 정보를 교환하며 알아서 투자하기 때문에 정보에 무척 밝고 똑똑하다. 카카오톡이나 카페, 밴드 등 다양한 SNS에서도 해외주식에 대한 정보교류가 활발하게 이루어진다. 자기들끼리 기업별 배당 수준을 분석하고 해외주식은 어느 증권사가 이래서 좋다는 내용까지 자세히 공유한다. 가끔 필자도 미처 몰랐던 정보가 나올 때도 있다. 젊은 투자자들은 그만큼 빠르고, 새로운 분야에 두려움이 없다.

물론 젊은 층이 다 공부하고 투자하는 건 아니다. 여전히 은행에 적금만 넣거나, 반대로 P2P 등 위험한 투자에 빠지는 이들도 많다. 하지만 이들 또한 방법만 알게 된다면, 서두를 것 없이 여유자금이 생길 때 소액으로 1주씩 사고 배당 들어온 돈을 다시 재투자하는 건강한 방식으로 투자금을 키울 수 있다. 한 종목에 몇 억씩 밀어넣은 게 아니니 주가가 떨어지더라도 속은 쓰릴지언정 타격은 크지 않을 것이다. 그렇게 소액으로 불리다가 투자금이 커지면 경제적 자유를 향한 실험도 해볼 수 있지 않을까?

더욱이 요즘에는 금이나 미국 채권 등 거금이 있어야 투자할 수 있었던 상품들도 소액으로 투자가 가능하다. ETF를 통해 1주 단위로 투자하는 방식이다. 일례로 IAU라는 종목은 금에 투자하는 대표적인 ETF인데, 금에 투자하고 싶다면 골드바 대신 이 종목을 사면 된다. 금 한 돈은 20만 원이 훌쩍 넘지만, 이 종목은 1주 단위로 살 수 있으며 가격도 주당 13~14달러 정도. 2만 원도 안 되는 돈으로 금에 투자할 수 있는 것이다. 더욱이 달러로 거래하니, 금이라는 안전자산에 투자하면서 달러라는 안전자산까지 확보하는 셈이다.

그런가 하면 미국의 장기국채 40여 개에 분산투자하는 TLT라는 미국 국채 ETF도 있다. 가장 안전하다는 미국 국채에 분산투자함으로써 안정성을 한 단계 더 높인 것이다. 2019년 말 기준 배당수익률도 2.12%로 시중 은행금리보다 높은 데다, 매월 달러로 배당하는 ETF라 안정성과 수익성을 동시에 보장할 수 있다. 장점은 또 있다. 미국 국채를 직접 사려면 증권사에 가서 2000만 원을 넣어야 하는데, TLT 종목은 1주에 142달러만 있으면 된다. 15만 원이면 미국 국채 1주를 살 수 있는 것이다.

　그러니 젊은 투자자일수록, 소액으로 시작할 수 있고 안정적인 수익을 보장하는 해외주식으로 시야를 넓혀보자. 종잣돈이 크지 않아도 발 빠른 정보력과 도전정신 그리고 젊은 감각이 있으니 말이다.

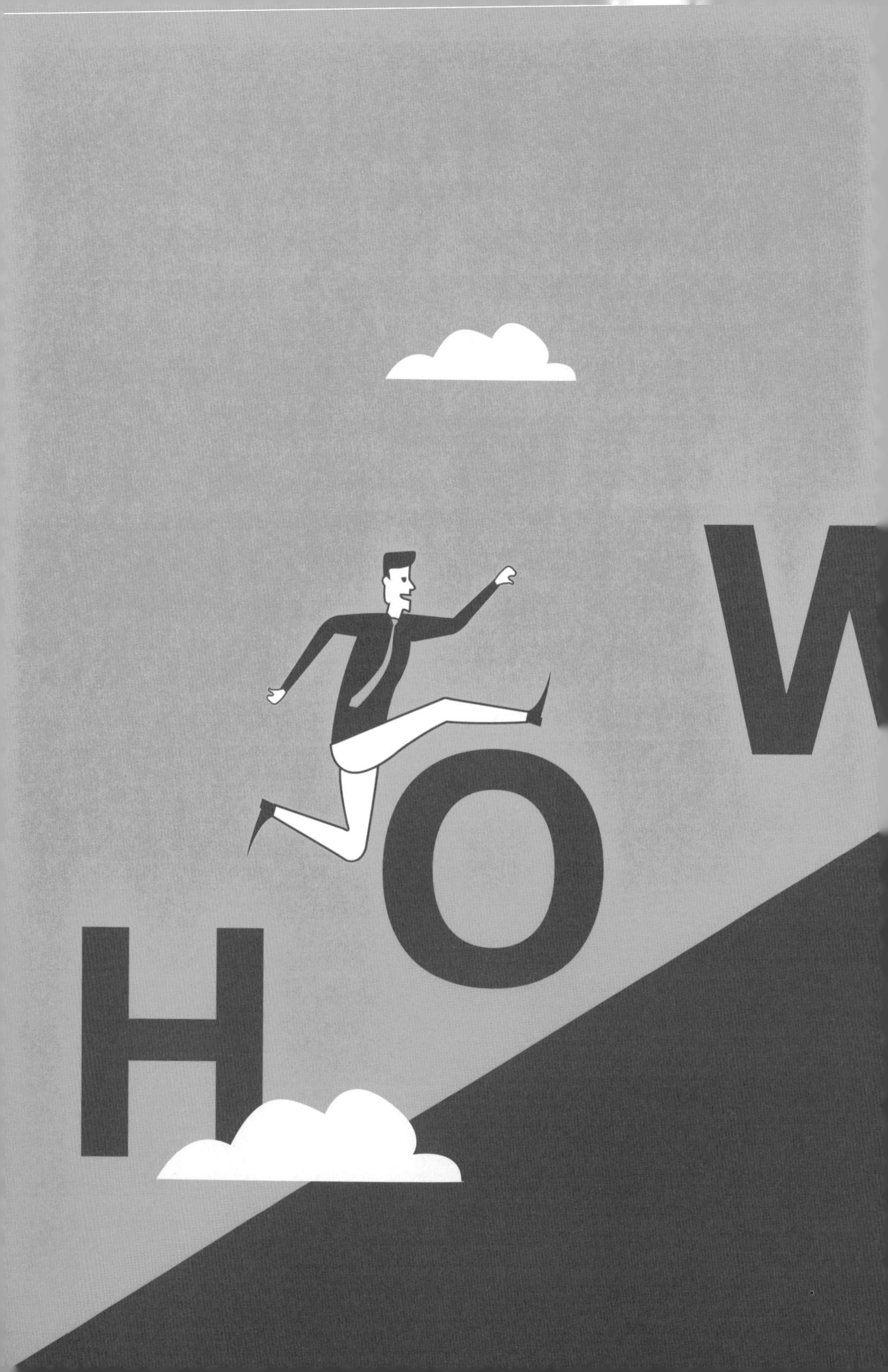
HOW

T O

PART 2
해외주식, 어떻게 투자하는가

"나도 해외주식에 투자해볼까?"

1부를 읽고 의욕은 생겼지만, 어디서부터 시작해야 할지 방법을 모르는 분들이 아직 많을 것이다. 하지만 결심이 어렵지 실행은 어렵지 않다. 시작이 반이라 했으니 첫 단계부터 짚어보자. 주식을 시작하는 투자자를 위한 기초적인 절차를 확인할 차례다.

해외주식은 증권사 지점에서 증권거래계좌를 개설해 매매하면 된다. 각 증권사별로 거래방법과 서비스 등이 다를 수 있으므로 나에게 맞는 증권사를 찾거나 주거래은행에 증권사가 있다면 그곳을 이용해도 좋다. 최근에는 많은 증권사에서 앱을 제공하고 있어 휴대폰으로 간편하게 계좌 개설부터 주식 매매까지 모두 가능하다.

STOCK MARKET

투자하기 전
체크하기

Step 1~3

증권거래를 하려면 증권사 지점에 방문해 계좌를 개설하는 것이 가장 일반적이다. 그러나 모든 증권회사가 해외주식 서비스를 제공하는 것은 아니다. 현재 해외주식 서비스가 가능한 증권회사는 20개 미만이므로(2020년 3월 기준) 해당 증권사에서 해외주식을 거래할 수 있는지부터 체크하자.

유의할 사항은, 국내 증권사를 통해 해외주식을 거래하려면 대한민국 국적자 및 국내 거주자(내국인 거주자)여야 한다는 점이다. 미국 세법상 미국인인 사람, FATCA 목적상 보고대상 및 캐나다 국적 보유자는 국내외 세법 관련 규정을 준수하지 못하게 될 수 있어 해외주식 거래가 제한된다는 점을 명심하자.

모든 사항을 체크했다면 증권회사 지점을 방문해 계좌를 개설해보자. 우선 본인확인을 위한 신분증이나 거래인감(서명으로 대체 가능)을 준비한다. 평일 낮에 증권사 지점을 찾아갈 수 없어도 문제없다. 4차 산업혁명 시대 아닌가. 스마트폰으로 10분이면 비대면 증권계좌 개설(해외주식)이 가능하다.

우선 스마트폰에 증권사의 비대면 계좌개설 전용 앱을 설치한다. 필자가 근무 중인 KB증권을 예로 들어보겠다. 앱을 다운받은 후 실행해서 신분증으로 사진을 찍으면 이름과 주민등록번호 등 주요 정보가 저장되고, 휴대폰을 통해 본인인증을 거친다. 이후에는 주소, 직장, 메일 등 개인정보를 입력하고 본인 명의인지 확인한다. 투자성향을 점검하는 단계도 있다. 10가지 정도의 질문에 답하고 나면 자신의 투자유형을 알 수 있다.

신분증을 촬영하면 본인인증을 거쳐야 하는데, 크게 영상통화 인증과 타 금융기관 계좌 인증방법이 있다. 타 금융기관 계좌 인증방법에서는 해당 계좌번호를 입력한 후 계좌 확인을 위해 소액(1원 이상 1만 원 이하)을 이체하면 되고, 영상통화 인증은 증권사 상담원이 영상통화로 고객 개인정보를 확인한 뒤 해당 증권사가 다시 확인 전화를 해서 계좌 개설을 마무리한다.

필자가 근무 중인 KB증권은 종합위탁 1개의 계좌에서 국내, 해외주식, 펀드, 채권, ELS를 모두 거래할 수 있다. 하지만 증권사별로 해외주식과 국내주식을 한 계좌로 함께 거래할 수 있는지, 해외주식만 거래하는 전용계좌를 따로 만들어야 하는지 차이가 날 수 있으므로 개설 전에 확인해두자.

Step 1. 주요 유의사항 체크 및 동의서 확인하기

KB증권 기준으로 예시를 들어보겠다. 계좌를 만들고 KB증권 모바일 앱 마블(M-able)에 로그인해보자. 왼쪽 하단 메뉴 버튼을 눌러보면 아래와 같은 항목이 등장한다. 해외주식투자를 하려면 '고객정보동의서'와 '투자위험확인서'에 반드시 동의 체크를 해야 한다. 만약 해외ETF도 거래하고 싶다면 '해외ETF거래위험확인서'도 꼼꼼히 확인하고 동의하면 된다.

〈KB증권 마블 앱 해외주식 가이드〉

출처 | KB증권 마블 앱 화면 캡처

▌ Step 2. 해외주식 리포트 및 정보 확인하기 ▌

투자 전 정보수집도 빼놓을 수 없다. 마블 앱 메뉴에서 '트레이
딩→뉴스/리서치→해외주식'에 들어가보면 최근 미국이나 중국,
ETF 관련 이슈와 종목 뉴스가 모여 있다. 또한 리서치 탭에서는 해
당 증권사 리서치센터에서 담당하고 있는 미국이나 중국 추천종목
리포트도 확인 가능하다. 보통 해외주식은 정보가 없어서 어렵다
고들 하지만 정보는 얼마든지 있다. 스스로 물고기 잡는 법만 배우
면 된다.

▌ Step 3. 환전 ▌

해외주식투자 첫 단계는 바로 '환전'이다. 미국주식을 미국 달러
로 거래하듯, 해당 국가 주식은 그 나라의 통화(Currency)로 거래하
기 때문에 환전을 먼저 해야 한다. (참고로 KB증권에는 원화로 해외주식
을 살 수 있는 '글로벌 원마켓 시스템' 서비스가 있다.)

환전할 때는 외화매수(원화→외화)와 외화매도(외화→원화)를 잘
구분한다. 한 번 진행된 거래는 정정하거나 취소할 수 없으므로 유
의하자.

환전수수료는 별도로 고객에게 징수하지 않고 환율 스프레드에

〈KB증권 마블 앱 해외주식 가이드〉

포함되어 있다. 증권사별로 다르지만 보통 증권사 고시환율 스프레드는 약 10원(1%)이다. 매매를 진행하기도 전에 1%라는 적지 않은 수수료를 내는 것이 부담스럽다면 원화로 주식을 먼저 사고 다음날 자동으로 환전수수료 없이 매매기준환율로 환전해주는 글로벌 원마켓 시스템 등을 이용하는 것도 방법이다.

▶환전수수료는 왜 각기 다를까?

환전을 하려면 환율에 대해 알아야 한다. 인터넷에 검색하면 나오고 은행 환율 고시판에도 늘 쓰여 있지만 왠지 어렵게 느껴지는 환율, 필자가 최대한 쉽게 설명해보겠다.

환율은 크게 매매기준환율, 전신환율(온라인 송금), 수표환율(여행자수표), 현찰환율 4가지로 구분된다. 증권사에는 외국환법 규정에 따라 해외투자를 목적으로 하는 전신환율 환전 업무만 허용하고 있다. 즉 전신환율로만 거래할 수 있다는 이야기다. 증권사 지점에서는 외화 현찰 입금·송금·출금 자체를 할 수 없고 온라인 환전 및 온라인 송금·입금만 가능하다. 미국 달러 기준, 매매기준환율 대비 약 +10원의 스프레드가 붙어 있는 것이 바로 이 '전신환율'이고, 증권사에서 우대 없이 환전할 때는 기본적으로 이 스프레드가 적용된다. 물론 증권사별로 차이가 있을 수 있다.

다음은 현찰환율이다. 은행의 환율 고시판에 쓰여 있는 '현찰 파실 때/사실 때'가 바로 이것인데, 매매기준환율 대비 가장 많은 스프레드인 약 20~25원(2~2.5%)이 붙는다. 공항에서 급하게 환전할 때 비싼 수수료를 무는 이유다. 말하자면 이 스프레드 숫자가 작아질수록 우대율이 높은 것이다.

해외주식을 거래할 때는 우대율이 높은 은행에서 환전한 외화를 증권사 해외주식계좌에 이체해서 거래해도 되고, 환전수수료가 무료인 서비스를 찾아 거래해도 된다. (KB증권의 글로벌 원마켓 서비스는 환전수수료가 평생 무료다.)

국가별 제도 및 거래 시간 확인하기

Step 4

해외주식은 각 국가별로 제도와 거래 시간대가 다르며, 증권사별로 중개국가와 중개방법도 조금씩 다르다.

아래 표는 KB증권 기준 중개국가를 정리한 것이다. 모바일 MTS나 PC HTS에서 미국, 중국, 홍콩, 일본, 베트남 등 5개 국가 주식을 온라인으로 직접 거래할 수 있고, 유럽이나 캐나다, 인도네시아 등은 전화로 주문하면 된다.

〈온라인 거래 가능 국가〉

미국	중국A(후강통, 선강통)	홍콩	일본	베트남
가능	가능	가능	가능	가능

〈전화주문 국가(온라인 불가)〉

서유럽	영국, 네덜란드, 독일, 아일랜드, 스위스, 프랑스, 오스트리아, 벨기에
북유럽	덴마크, 핀란드, 노르웨이, 스웨덴
남유럽	그리스, 스페인, 이탈리아, 포르투갈
아시아	태국, 싱가포르, 인도네시아, 베트남, 홍콩, 중국, 일본
남태평양	호주, 뉴질랜드
미주	캐나다, 미국

출처 | KB증권 해외주식 홈페이지

다음은 매매단위와 통화다. 미국주식은 1주 단위로 거래할 수 있고 상·하한가나 동시호가제도가 없다. 중국주식은 거래단위가 100주이며 10% 상·하한가가 있고, 동시호가는 오전 10시 15분부터 10시 25분까지다. 홍콩은 중국과 또 달라서 종목별로 최소 매매단위가 상이하므로 매매화면에서 확인해봐야 한다. 일본주식도 종목별 매매단위가 다르니 유의하자. 베트남주식은 보통 호치민 거래소 종목이 많이 거래되는데 10주 단위가 대부분이고, 호치민 증시는 상한가가 7%, 하노이는 10%다. 한 가지 더. 미국, 일본, 홍콩주식은 당일 매수·매도(데이트레이딩)가 얼마든지 가능하지만 중국주식은 오늘 매수한 주식은 오늘 매도할 수 없다. 다만 매수 다음 날 매도했다가 그날 다시 매수할 수는 있다. 베트남주식 또한 데이트레이딩이 불가능하며, 반드시 결제일까지 기다렸다 매매해야 한다.

거래시간도 증시별로 다르다. 미국증시는 서머타임이 적용되는

〈매매개요 및 통화〉

구분	미국	중국A (선강통, 후강통)	홍콩	일본	베트남
주문단위 (수량)	1주 (일부 ETF 100주)	100주 (매도 1주)	종목별 상이 (2000주 단위가 많음)	종목별 상이	호치민 10주, 하노이 100주
주가단위	0.01USD가 많음 (0.0001까지 가능)	0.01위안	0.01HKD가 많음 (0.0001까지 가능)	1엔 (종목별 상이)	종목별 상이
티커 (종목 코드)	영문 심볼 (예: NUS, MSFT)	종목 코드번호 (6자리 숫자)	종목 코드번호 (5자리 숫자)	종목 코드번호 (4자리 숫자)	영문 심볼 (예: VIC, AAM)
상·하한가	없음	10%	없음	종목별 상이	호치민 7%, 하노이 10%
동시 호가제도	없음	10:15~10:25	10:00~10:30	08:00 ~09:00	11:00~11:15 (주문 불가)
주문 유의사항	소수점 둘째 자리까지 주문 가능 (일부 저가주 제외)	후강통, 선강통 종목만 가능	종목별 매매단위 상이	종목별 매매단위 상이	재매매 불가

3~10월경에는(2020년에는 3월 8일부터 10월 31일까지) 우리나라 시간으로 밤 10시 30분에 열리고 새벽 5시에 종료된다. 서머타임이 해제되면 우리나라 기준 밤 11시 30분에 개장해 새벽 6시에 장이 마감된다. 그렇다고 한밤중에 일어나 거래할 필요는 없다. MTS나 HTS의 해외주식 예약주문 서비스를 이용하면 된다.

일본증시는 우리나라와 비슷하게 오전 9시부터 오후 4시까지 열리는데 11시 30분부터 12시 30분까지 점심 휴장시간이 있다는 것이 특징이다. 이때는 주식주문이 들어가지 않으니 유의해야 한다.

중국주식과 홍콩주식도 점심 휴장시간이 있어서 중국은 12시 30분부터 2시까지, 홍콩은 1시부터 2시까지 주문이 불가하다.

〈해외주식 거래소별 특징〉

	베트남	미국	홍콩	상해A	심천A	일본	기타
동시 호가 제도	11:00~ 11:15 / 16:30~ 16:45 (동시호가 주문 불가)	없음	10:00~ 10:30	10:15~ 10:25	10:15~ 10:25	08:00~ 09:00	국가별 상이
증권 거래소	2개 (하노이, 호치민)	12개 및 OTC 마켓	1개 (메인보드, GEM)	1개 (상해A주)	1개 (메인보드, 중소판, 창업판)	4개 (도쿄, 나고야, 삿포로, 후쿠오카)	국가별 상이
실시간 시세	하노이 (월16000원) 호치민 (월14000원)	유료 (거래소별 월 1500원)	유료 (월 3만 원)	유료 (월 1만 4000원)	유료 (월 2만 원)	유료 (월 2000원)	종가 시세 제공
상·하한가	호치민 7% 하노이 10%	없음	없음	10%	10%	종목별 상이	국가별 상이
세금 제도	양도소득세 자진신고 납부						
주문 유의 사항	종목별 상이	소수점 둘째 자리 까지 주문 가능 (일부 저가주 제외)	종목별 매매 단위 상이	후강통 종목만 투자 가능	선강통 종목만 투자 가능	종목별 매매 단위 상이	전화 주문만 가능, 결제 후 매도 가능

〈해외주식 장 운영시간 및 결제일, 출금일〉

국가	장 운영 시간	현지결제일	매도자금 출금일
미국	23:30~06:00	T+2	T+3
중국A	10:30~12:10/14:00~16:00	T+1	T+1
홍콩	10:30~13:00/14:00~17:10	T+2	T+2
일본	09:00~11:30/12:30~15:00	T+2	T+2
포르투갈	12:30~15:00	T+2	T+4
스페인	17:00~01:30	T+3	T+5
오스트리아	17:00~01:30	T+2	T+4
벨기에	17:00~01:30	T+2	T+4
핀란드	17:00~01:25	T+2	T+4
프랑스	17:00~01:30	T+2	T+4
독일	17:00~01:30	T+2	T+4
그리스	17:30~00:00	T+2	T+4
아일랜드	17:00~01:28	T+2	T+4
이탈리아	17:00~01:25	T+2	T+4
네덜란드	17:00~01:30	T+2	T+4
캐나다	23:30~06:00	T+2	T+4
영국	17:00~01:30	T+2	T+4
덴마크	17:00~00:55	T+2	T+4
노르웨이	17:00~01:20	T+2	T+4
스웨덴	17:00~01:25	T+2	T+4

스위스	17:00~01:20	T+2	T+4
호주	09:00~15:00	T+2	T+4
인도네시아	월·목 11:30~14:00/15:30~18:00 금 11:30~13:30/16:00~18:00	T+3	T+5
뉴질랜드	07:00~13:45	T+2	T+4
싱가포르	10:00~18:00	T+3	T+5
태국	12:00~14:30/16:30~18:30	T+3	T+5
베트남	11:00~13:30/15:00~16:45	T+2	T+3

그렇다면 주식 매도결제일은 어떻게 될까? 많은 투자자들이 가장 궁금해하는 부분일 것이다. 아마존 주식을 월요일에 매도했다고 해보자. 결제대금은 당연히 달러로 들어오는데, 들어오는 날짜는 T(거래일)+3일인 목요일이다. 베트남도 동일하다.

중국주식은 오늘 매도하면 다음 날 바로 위안화로 매도대금이 입금되며, 홍콩주식과 일본주식은 한국주식과 똑같이 T+2일이다. 물론 중간에 휴장이 있다면 하루씩 미뤄진다는 점, 그리고 증권사별로 국내결제일이 다를 수 있다는 점에 유의하자.

해외주식
주문하기

Step 5

　이제 본격적으로 주문 버튼을 누를 차례다. 당연한 이야기지만 해외주식을 거래하려면 해당 국가 장 시간에 맞춰야 한다. 낮에 미국주식을 주문하려고 하면 '미국시장 거래시간이 아닙니다. 현재 주문 가능한 유형은 예약주문입니다'라는 팝업이 뜬다. 예약주문 버튼을 누르면 64쪽 그림 오른쪽 화면처럼 예약매수를 할 수 있다.

　미리 환전해놓았다면 원하는 단가와 주식수를 선택하고 예약매수 버튼을 누르면 끝이다. 단, 장이 열렸을 때 시초가가 얼마가 될지 모르기 때문에 원하는 단가와 주수를 보장할 수는 없다. 정확성을 기하려면 왼쪽 화면처럼 직접 밤 시간에 미국주식 호가를 보면서 매매해야 한다.

〈KB증권 마블 앱 해외주식 주문화면〉

미국주식 일반주문   미국주식 예약주문

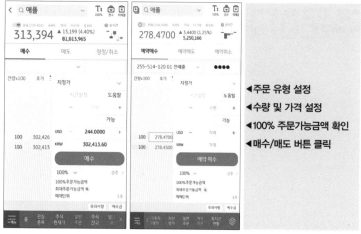

◀주문 유형 설정

◀수량 및 가격 설정

◀100% 주문가능금액 확인

◀매수/매도 버튼 클릭

출처 | KB증권 마블 앱 화면 캡처

해외주식 알고리즘 매매는 어떻게 할까?

▶알고리즘 매매란

특정 매매기법(시스템) 프로그램을 이용하여 자동으로 주식을 사고파는 거래방식이다. 시장미시구조론과 금융공학 기반의 알고리즘이 시장 거래량, 수급, 선물시황 등 여러 요소를 고려하고 파라미터를 조절해 주문수량과 가격을 자동으로 결정하고 자동으로 매매한다.

〈국가별 알고리즘 주문 가능 유형〉

	국가	미국	홍콩	상해	심천	일본	베트남
매수주문 가능 유형	VWAP지정가	○	○	○	○	✕	✕
	TWAP지정가	○	○	○	○	✕	✕
	LOO	○	✕	✕	✕	✕	✕
	LOC	○	✕	✕	✕	✕	✕
매도주문 가능 유형	시장가	○	○	✕	✕	✕	✕
	VWAP지정가	○	○	○	○	✕	✕
	VWAP지정가	○	○	○	○	✕	✕
	VWAP시장가	○	○	○	○	✕	✕
	TWAP시장가	○	○	○	○	✕	✕
	MOO	○	✕	✕	✕	✕	✕
	MOC	○	✕	✕	✕	✕	✕
	LOO	○	✕	✕	✕	✕	✕
	LOC	○	✕	✕	✕	✕	✕
알고리즘 시간 설정	시간지정	○	○	○	○	✕	✕
	시초가 포함 (장 시작부터)	○	○	○	○	✕	✕
	종가 포함 (장 마감까지)	○	○	○	○	✕	✕
	시초/종가 포함 (하루 종일)	○	○	○	○	✕	✕
참고	– 일본, 베트남 알고리즘은 추후 오픈 예정 – 홍콩의 경우 알고리즘을 '장 마감까지'로 설정하면 CAS(장 마감 동시호가) 해당 종목은 CAS에 진입하여 실제 체결은 5시 6~10분에 완료될 수 있음 – MOO, MOC, LOO, LOC는 미국에만 존재하는 주문유형 – 이미 장이 열린 상태에서는 '장 시작부터'로 알고리즘 시간을 설정해도 주문을 넣은 시점부터 작동						

출처 | KB증권. '참고' 항목도 KB 증권 기준

▶미국증시를 지배하는 알고리즘 매매

미국증시에서 이루어지는 거래의 약 80%는 알고리즘을 기반으로 집행된다. 특히 개인들이 지정가 매매로 등록한 호가는 알고리즘의 손쉬운 먹잇감이다. 앞서 말한 대로 가격을 정해놓고 주식을 예약주문하는 방식은 우리나라에서 미국주식을 거래하는 가장 일반적인 형태지만, 알고리즘 시스템에 당하기 쉽다는 단점도 있다. 기관투자자들의 일별 거래량은 기관에서 정하지만 '어느 시점에 체결시키는가'는 알고리즘의 영역이다.

JP모건에 따르면 미국증시에서 트레이더가 기업 실적과 전망을 바탕으로 재량껏 매매에 나서는 것은 전체 거래량의 10%에 불과하다. 일례로 2018년 12월 미국증시의 순간 폭락은 차익실현 매물이 쏟아지고 특정 알고리즘이 그에 과민반응해 변동성지수(VIX)가 2배로 급등하며 시작되었고, 이는 유가증권시장이 지수선물 매매에 의해 폭락한 '웩더독(Wag the Dog, 선물이 현물을 흔든다는 선물옵션 용어)' 현상의 대표 사례가 되었다. 알고리즘 매매가 시장과 얼마나 밀접한 관련을 맺고 있는지 단적으로 알려주는 예시이자, 알고리즘 전쟁으로 유가증권시장이 폭락할 수 있음을 보여주는 사건이었다.

▶증권사에서 알고리즘 매매를 진행해보자

해외주식시장을 알려면 알고리즘 매매를 한 번쯤 경험해보는 것도 좋다. 알고리즘 매매의 강점을 꼽자면 다음과 같다.

첫째, VWAP, TWAP 알고리즘의 작동시간을 설정할 수 있다.

예 ① 애플 주가가 주당 250달러 이상일 때 300주를 밤 11~12시 사이에만 VWAP(거래량가중평균가격)로 매도한다.

예 ② 텐센트가 주당 400달러에 도달하기 전까지 500주를 홍콩 오후 장에서만 TWAP(시간가중평균가격)로 매수한다.

둘째, 장 시작 시점의 시장가, 마감 시점 시장가를 적용할 수 있다.

예 ① 테슬라가 전날 실적발표를 했으니 주가가 폭등한 상태로 시작할 것이나 곧 차액매물이 쏟아질 것으로 예상했다면, 장 개시 시장가(시초가)로 테슬라 전량 매도 후 장 마감 시장가(MOC)로 매수할 수 있다.

예 ② 버라이즌이 하락할 것으로 예상되어 매수하고 싶지만 장 종료 즈음에 매수하는 것이 가장 이상적이라 판단했다면, 장 마감 지정가(LOC)로 주문해 매수를 시도할 수 있다.

대부분의 증권사에서는 큰 금액을 거래하는 소수의 VVIP고객만을 대상으로 알고리즘 매매 서비스를 하는 경우가 많으며, 그것도 블룸버그 EMSX 등 별도의 단말기를 통해 한정적으로 지원한다. 하

지만 KB증권 등에서는 HTS, MTS를 통해 누구나 알고리즘 매매를
할 수 있으며 성능 또한 동일하다.

대표적인 알고리즘 주문 ① TWAP

TWAP(Time Weighted Average Price, 시간가중평균가격)는 거래일의
시간 기준 평균 체결가를 목표로 하는 알고리즘이다. 쉽게 말해 시
간대별로 쪼개서(time interval) 주식 거래를 체결시키는 것이라 보면
된다.

〈TWAP 사용방법〉

출처 | KB증권 마블 앱 화면 캡처

이용 가능 국가	미국, 홍콩, 중국
거래 가능 시간	정규장(장 전 거래시간에도 주문 입력 가능)
특징	가장 일반적인 알고리즘으로, 비슷한 수시간을 기준으로 비슷한 시간 간격을 두고 주문수량을 균등 분할해 체결시킨다.
추천하는 경우	(미국 기준) 일평균 거래량이 50만 주 이하인 종목은 TWAP이 유리한 경우가 많다.
	(미국 기준) 주문수량이 100주 이하이며 일평균 거래량이 적다면 TWAP이 유리할 수 있다.

출처 | KB증권 해외주식 알고리즘 주문 안내서

체결가는 시장 상황에 따라 유동적이며, 특히 시장 변동성이 큰 날에 유리하다.

대표적인 알고리즘 주문 ② VWAP

VWAP(Volume Weighted Average Price, 거래량가중평균가격)는 거래일의 시간별 거래량 기준 평균 체결가를 목표로 하는 알고리즘이다. 말하자면 거래량에 맞춰 주식 수량을 쪼개 분할매수하는 것이다. 이처럼 다양한 니즈에 맞춘 알고리즘 매매를 이용한다면 하나의 호가에만 거래하는 것이 아니라 더욱 유리한 조건으로 해외주식을 사고팔 수 있다.

〈VWAP 사용방법〉

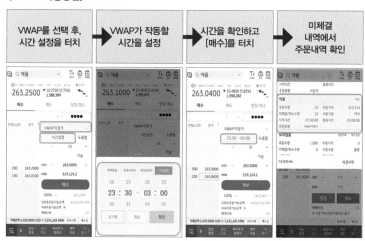

VWAP를 선택 후, 시간 설정을 터치	VWAP가 작동할 시간을 설정	시간을 확인하고 [매수]를 터치	미체결 내역에서 주문내역 확인

출처 | KB증권 마블 앱 화면 캡처

이용 가능 국가	미국, 홍콩, 중국
거래 가능 시간	정규장 (장 전 거래시간에도 주문 입력 가능)
특징	–TWAP의 약점인 '거래량 급변'을 보완하기 위한 알고리즘이다. –시장 가격 및 거래량 변화를 실시간 모니터링해 그와 유사한 패턴으로 주문을 분할 체결하며, 보통 직전 20~30일의 매매 데이터를 기반으로 체결 타이밍과 체결 가격을 산출한다. –자산운용사, 연기금에서 장중 평균체결가 개념으로 당일 체결가 벤치마킹을 위해 가장 많이 사용하는 알고리즘이다.
추천하는 경우	(미국 기준) 일평균 거래량이 50만 주 이상인 종목은 보통 VWAP이 유리하다.
	(미국 기준) 뉴스나 지표, 실적 발표 등에 따라 가격이 급등하거나 급락할 수 있는 종목, 유동성이 풍부한 종목 등은 VWAP이 유리할 수 있다.

출처 | KB증권 해외주식 알고리즘 주문 안내서

해외주식 관련 사이트 활용하기

　해외주식에 투자할 때 유용하게 활용할 수 있는 사이트를 소개한다. 가장 많이 거론되는 곳은 구글파이낸스, 야후파이낸스, 인베스팅닷컴, CNBC, 블룸버그, AA스톡스(AAstocks) 등이다. 물론 모바일앱도 있다. 특히 구글파이낸스부터 CNBC까지 4가지 사이트/앱에서는 미국증시 개장시간에 접속하면 각 종목 실시간 시세도 무료로 조회할 수 있다.

〈해외주식 관련 주요 홈페이지〉

야후 파이낸스(Yahoo Finance)	https://finance.yahoo.com/
시킹알파(Seeking Alpha)	https://seekingalpha.com/
인베스팅닷컴	https://www.investing.com/
바차트닷컴	https://www.barchart.com
AA스톡스닷컴 : 중국, 홍콩증시 실시간 조회 가능	http://www.aastocks.com
야후 파이낸스 재팬(Yahoo Finance Japan) : 일본주식 실시간 조회 가능	https://finance.yahoo.co.jp/
ETF 데이터베이스(ETF database)	http://www.ETF.com
아이셰어즈-블랙록(iShares-Blackrock)	https://www.ishares.com/us
SSGA SPDRS	https://www.ssga.com/
브리핑닷컴 : 실적, 이코노미 캘린더 조회 가능	https://www.briefing.com/

〈야후파이낸스 비교 차트〉

출처 | 야후파이낸스 사이트 화면 캡처

야후파이낸스는 전문가들도 애용하는 사이트/앱으로, 왼쪽 위 그림처럼 종목이나 차트를 조회할 때 여러 종목이나 지수 등을 내가 골라서 비교차트를 만들 수 있다는 장점이 돋보인다. 물론 특정 종목의 전날 거래량, PER, 주당 EPS, 평균 목표가(target price), 시가총액(market cap) 등 다양한 세부항목도 확인 가능하다.

시킹알파(seekingAlpha)는 관심종목을 등록할 수 있고, 종목 뉴스를 신속하게 확인할 수 있으며, 애널리스트 리포트에 비해 이슈를 알기 쉽게 설명해서 인기가 높다. 종목을 선택한 후 배당금(dividends) 탭을 클릭하면 전일 종가 대비 현재 시가배당률, 과거의 배당성장(dividend growth), 배당성향(payout ratio), 연간 배당성장

〈시킹알파의 코카콜라 배당화면 조회 페이지〉

률 등 다양한 세부 데이터를 조회할 수 있다.

중국이나 홍콩주식 실시간 시세는 AA스톡스에서 확인하면 된다.

〈AA스톡스 사이트〉

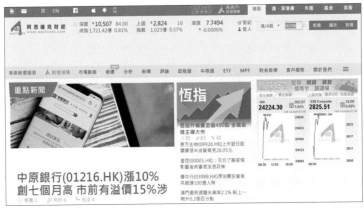

사이트나 앱의 오른쪽 상단 검색창에 조회하고자 하는 종목의 숫자 코드를 입력하면 실시간으로 시세를 조회할 수 있다.

세금은 어떻게 부과될까? 양도소득세와 배당소득세

해외주식을 거래하려면 꼭 알아야 하는 것이 바로 세금이다. 우선 배당금에 대한 세금을 살펴보자. 다른 해외주식과 마찬가지로 배당소득세가 적용되는데 이는 금융소득종합과세 2000만 원에 합산된다. 배당소득세는 미국과 캐나다 15%, 그 외 국가는 다음 페이지 표와 같다.

해외주식 매도차익이 생긴다면 매매차익 중 250만 원 초과분에 대해서는 양도소득세(22%)가 적용된다. 해외주식은 기본적으로 1년간의 매수·매도 등 이익과 손실을 합산한 순수 손익금액을 기준으로 세금이 부과되는데, 수익이 250만 원 이내라면 비과세, 250만 원 이상이라면 과세대상이다. 수익에서 250만 원을 뺀 차액의 22%를 다음 해 5월에 자진신고·자진납부하면 되며, 보통은 증권사에서 무료로 신고대행서비스를 해준다.

예를 들어 설명해보자. 미국주식을 매도해 500만 원 수익이 났고, 일본 상장 리츠에 투자해 200만 원 손실을 보고 매도를 확정지었다. 이 경우 양도차액은 500만 원에서 200만 원을 뺀 300만 원이다. 여

〈해외주식 배당소득세 적용 기준〉

국가		현지	국내	합계
일본		소득세 15.315%	미징수	15.315%(JPY)
미국		소득세 15%	미징수	15.0%(USD)
중화권	상해A주	소득세 10%	소득세 4% + 주민세 0.4%	14.4%(CNY)
	상해B주	소득세 10%	소득세 4% + 주민세 0.4%	14.4%(USD)
	심천A주	소득세 10%	소득세 4% + 주민세 0.4%	14.4%(CNY)
	심천B주	소득세 10%	소득세 4% + 주민세 0.4%	14.4%(HKD)
	홍콩거래소	미징수	소득세 14% + 주민세 1.4%	15.4%(HKD)
	H주	소득세 10%	소득세 4% + 주민세 0.4%	14.4%(HKD)
베트남		소득세 10%	소득세 4% + 주민세 0.4%	14.4%(VND)

(법인의 경우, 국내징수분은 법인세율에 근거해 징수됨)

기에서 기본공제인 250만 원을 제외하고, 매수·매도 수수료도 비용 명목으로 차액에서 제외한다. 수수료를 약 10만 원이라고 가정하면 최종 차액은 약 40만 원이다. 이 40만 원의 22%인 8만 8000원을 다음 해 5월에 세금으로 납부하면 된다. 내가 번 금액에서 깔끔하게 양도소득세 8만 8000원만 내면 끝난다. 더욱이 '이배사근연기', 즉 이자소득세, 배당소득세, 사업소득세, 근로소득세, 연금소득세, 기타소득세 등의 종합소득에 포함되지 않고 분류과세된다는 장점이 있다. 고액자산가들과 금융소득종합과세 대상자들이 해외주식 직접투자를 선호하는 이유다. 더러 분류과세가 아닌 '분리과세'라고 잘못 쓰는 경우가 종종 있는데 전혀 다른 개념이다.

환차익과 환차손도 많은 분들이 궁금해하는 부분이다. 거래는 해외통화로 하는데 양도소득세는 원화로 과세되기 때문이다. 우선 해외주식 양도소득세에 적용되는 과세환율은 실제 내가 환전한 환율이 아니라 '매매기준환율'이라는 점을 기억해두자.

사례를 들어 설명해보겠다. 애플(AAPL US)을 주당 100달러에 100주 매입했다고 가정해보자. 매수취득가액은 1만 달러, 매수일은 3월 1일 월요일이다. 미국주식의 국내결제일은 T+3일이므로 실제 잔고 거래내역에 보이는 국내결제일은 3월 4일 목요일이다. 3월 4일의 매매기준환율이 1000원이라면, 양도소득세 계산을 위한 취득가액은 1000만 원(1만 달러×1000원)이 된다.

이후 애플 100주를 주당 120달러에 매도했다고 가정해보자. 매도양도가액은 1만 2000달러, 4일 뒤 국내결제일 환율은 980원이어서 1176만 원(1만 2000달러×980원)이 된다. 매도양도가액 1176만 원에서 매수취득가액 1000만 원을 뺀 수익이 176만 원이므로 기본공제 250만 원 이하에 해당돼 비과세다.

이 과정을 잘 생각해보면, 주식 가격에서는 차익이 생겼지만 매도 시 결제일의 매매기준환율이 매수했을 때보다 낮아져 환차손이 계산에 이미 반영되었다는 점을 알 수 있다. 한마디로, 환차익이나 환차손은 별도과세가 아니다.

자, 그렇다면 매도 후 내 잔고에는 1만 2000달러가 남았다. 이제 환전을 해야 하는데, 이때 환차익이 발생하면 어떻게 될까? 이 환차익에는 과세가 되는 것일까?

결론부터 말하자면 비과세다. 1만 2000달러는 달러 예수금 상태로 계좌에 들어 있다. 증권사는 결코 자기가 먼저 원화로 환전하지 않는다. 고객이 원하는 시점에 환전하면 되는 것이다. (다만 KB증권 글로벌원마켓 서비스는 매도 시 원화로 입금되므로 유의해야 한다.) 환전하면서 환차액이 발생한다 해도 과세는 되지 않는다. 이미 주식 매도 후 국내결제일의 매매기준환율이 거래금액에 곱해지면서 과세가 종결됐기 때문에 1만 2000달러의 환차액 세금은 신경 쓰지 않아도 된다.

해외주식 양도소득세의 과세체계를 이 정도만 알아도, 실제 내 손익과 과세손익이 얼마든지 차이날 수 있다는 점을 이해할 수 있을 것이다. 그만큼 해외주식투자도 훨씬 쉬워진다.

PART 3

강남 부자들의
포트폴리오는 어떨까?
: 해외주식 실제 투자사례

필자는 이전 직장에서도 해외주식부서에 근무하면서 수많은 고객의 포트폴리오와 종목을 상담하고, 자산배분 등에 조언을 드리곤 했다. KB증권으로 옮긴 후에는 강남 대치동에서 해외주식 전문 PB로 근무하면서 고객들의 자산관리를 도왔으며, 지금은 본사 해외주식컨설팅팀 팀장으로 재직하며 거액자산가 고객들의 자산배분과 글로벌 포트폴리오 자문을 맡고 있다.

3부에서는 필자의 경험을 토대로 실제 투자사례를 소개하고자 한다. 물론 똑같이 따라 하라는 지침은 아니다. 사람마다 종잣돈도 다르고 투자 목적도 다르고, 무엇보다 투자 성향이 다를 것이기 때문이다. 그러나 자산규모가 다르다고 '내 이야기가 아니야' 할 필요도 없다. 해외주식의 길에 들어섰다면, 다른 사람의 투자사례를 보고 어떤 종목이 있는지, 이 사람은 왜 이 종목을 선택했는지 생각해보는 것도 좋은 공부가 된다. 다른 사람이 걸었던 길을 되돌아봄으로써 실제 투자에 뛰어들었을 때 방향을 잡기가 한결 수월해질 것이다.

STOCK MARKET

"한국주식에 지쳤어요, 해외주식은 어떤가요?"

해외주식
투자사례 1

"한국 대형주가 안정적일 것 같아 투자했는데, 안정적으로 주가가 내려가요. 몇 년을 기다려도 수익이 나지 않으니 한국주식에 지쳐버렸습니다."

저금리, 저성장, 저수익 국면에 접어들면서 한국경제와 한국기업들이 힘든 시기를 겪고 있다. 자연히 그 기업에 투자한 투자자들도 지치기 마련이다. 필자가 만난 투자자들도 한국주식이 막막해졌다는 하소연을 하곤 했다. 그런데 주변에서 "미국주식이나 중국주식은 꾸준히 오르더라"고 하니 해외주식 상담을 받을 마음을 먹었다는 것이다.

이런 고객들의 주요 니즈는 이렇다. "앞으로 한국경제가 점점 더 힘들어질 것 같으니 반드시 미국달러를 보유해야겠고, 그 돈을 놀릴 수는 없으니 뭐라도 투자를 하고 싶다"는 것이다. 이 고객은 초과성과를 내기 위해 어느 정도의 위험은 감수할 테니 1년에 10% 이상 기대수익률이 나왔으면 좋겠다는 조건을 붙였다.

이 경우라면 미국달러를 기반으로 한 미국주식, 미국ETF, 미국의 부동산 상장 리츠를 적절히 배분하는 것이 좋다. 필자는 당시 환율 약 1050원대에 미국달러로 환전한 다음 아래와 같이 포트폴리오를 구성했다.

미국의 4차산업 1등주인 아마존닷컴(AMZN), 알파벳(구글, GOOGL), 마이크로소프트(MSFT), 비자(V), 미국의 대표적 항공·방산주 ETF인 ITA 등 총 5개의 위험자산에 40% 배분

미국의 장기국채 ETF인 TLT, 미국의 우선주 ETF인 PGX, 미국 투자적격등급 회사채 ETF인 LQD에 40% 배분

미국 대표 부동산 리츠인 프로로지스(PLD), 리얼티인컴(O) 2종목에 20% 배분

미국증시가 이후에도 꾸준히 상승할 것을 감안한 포트폴리오다. 특히 아마존, 알파벳, 마이크로소프트는 세계시장을 주도하고 있는 4차산업 대장주인 동시에 매출도 꾸준히 상승하고 있었다. 비자 또한 현금 없는 사회로의 변화, 전자상거래 활성화의 영향으로 안정

적으로 성장하고 있었는데, 10년 이상 꾸준히 배당금을 늘리고 있는 배당성장주라는 점도 투자자를 흡족하게 했다.

성장을 기대하는 만큼 하락 가능성도 감안해야 했다. 대표적인 안전자산으로 꼽히는 미국 장기국채 ETF를 편입한 것도 그 때문이다. PGX와 LQD도 1년 배당수익률이 각각 연 5%(세전), 3%(세전) 이상 나오고 있다. 이 3개의 채권형 ETF는 모두 매달 달러로 배당이 나오므로 시장 하락에 대비하기 적격이다.

40%는 주식형, 40%는 채권형으로 구성했으므로 나머지 20%는 부동산을 기반으로 안정적인 배당을 주는 미국 상장 리츠로 채웠다. 혹시 모를 변동성에 대비하기 위해서다. 물론 리츠도 주식처럼 주가변동은 있으나 배당 매력이 크고, 변동성이 일반 주식보다 낮고 채권보다는 높아 중간지대라는 점이 포인트였다.

7개월 후, 아마존, 알파벳, 마이크로소프트, 비자가 큰 폭으로 상승하면서 배당을 포함한 전체 포트폴리오 수익률 10%를 금방 달성할 수 있었다. 이후에도 정기적으로 종목 비중을 조절했고, 그 과정에서 투자자 또한 미국주식과 세계경제 흐름으로 시야를 넓혀갔다.

"무조건 안전한 곳에
투자해주세요"

해외주식
투자사례 2

이번에는 한국 부동산을 많이 가진 거액자산가 투자자를 만나보자. 이 투자자는 한국경제와 부동산 정책에 염려가 컸으며, 특히 화폐개혁 가능성을 우려했다. 그래서 내린 결론이 안전한 해외투자였다. "우리나라 투자처는 마음에 드는 것이 없고 못 믿겠어요. 미국 1등기업, 최고로 안전하다는 미국 국채와 금에 투자하고 싶습니다."

우리나라 대표기업인 삼성전자도 불안하다 여기는 고객이었다. 사실 이렇게 본인의 니즈를 알려줄 때 솔루션을 제시하기가 가장 수월하다. 필자는 세계시장 기준으로도 독보적 경쟁력을 갖춘 글로벌 기업들과 ETF 2개 종목으로 포트폴리오를 구성했다.

아마존, 알파벳, 버크셔해서웨이(B), TLT(미국 장기국채 ETF),
IAU(금 현물 ETF)

버크셔해서웨이 A주는 1주 가격이 무려 3억~4억 원에 이르지만,
B주를 별도로 상장하면서 개인도 주당 200달러 대에서 투자할 수
있게 되었다. 한국에서도 거액 자산가들에게 자녀 증여용으로 인
기가 많다. 우리가 워렌 버핏이 될 수는 없지만 그의 기업에 투자하
면서 지수 대비 시장 평균을 웃도는 수익을 얻을 수는 있다. 변동성
도 일반 주식 대비 크지 않아 좋다. 말하자면 안정성을 추구하는 고
객의 니즈를 반영한 선택이었다. 덤으로 버크셔해서웨이가 투자한
기업을 자연스럽게 공부하게 되고, 자녀들에게 이 주식을 사준다면
그 투자기업에 대해 이야기하면서 경제공부 효과를 덤으로 얻을
수도 있다.

미국 국채는 채권상품을 통해 직접 매입할 수도 있다. 하지만 최
소 가입금액이 만만치 않을뿐더러, 6개월에 한 번씩만 이자가 지
급된다. 하지만 미국 장기국채 ETF인 TLT를 매수하면 투자가 훨씬
쉬워진다. 만기가 각각 다른 약 40개의 미국 장기국채에 분산투자
할 수 있고, 운용사에서 1년 치 이자를 모아 매달 달러로 배당을 지
급하므로 월지급식을 선호하는 우리나라 투자자들에게 적합하다.

다음은 금 투자다. 보통 실물거래를 생각하겠지만 미국의 금 현

물 ETF인 IAU도 적격이다. IAU는 금 가격을 가장 잘 추종하는 동시에 가장 낮은 비용으로 효율적 투자가 가능하다. 경쟁 ETF인 GLD도 있지만 운용보수가 연간 0.40%인 반면 IAU는 0.25%라는 장점도 있다. 물론 이 운용보수는 별도 수취가 아니라 ETF 가격에 이미 포함돼 있어 투자자들이 직접 체감하기는 어렵지만, 실질적으로 돌아오는 주가수익률은 아무래도 차이가 나기 마련이다.

해당 고객은 이렇게 최고기업 3개, 안전자산 2개에 투자하기로 결정했다. 때마침 미국증시에서 위험자산과 안전자산이 동시에 오르는 기현상까지 나타나면서 1년 만에 23% 이상(배당수익, 환차익, 주가수익)의 수익을 내는 데 성공했다. 여기에 더해 당시 코스피와 코스닥이 최저점을 깬 시점이라 환차익까지 덤으로 얻었다. 달러투자의 성공적인 예라 할 수 있다.

"미국 섹터별 1등 기업에 10년 묻어두고 싶습니다"

해외주식
투자사례 3

이번에는 미국주식에 대해 전혀 몰랐던 투자자의 사례다. 이 고객은 가까운 친구가 스타벅스 주식을 조금씩 사 모으더니 큰돈을 벌었다는 말을 듣고 충격 받았다고 했다. 매일 커피 사러, 빵 사러 들르는 스타벅스인데, 지점마다 늘 붐비고 거리마다 점포가 보일 정도로 성장 중인 기업인데 그동안 주식 살 생각은 못했다니!

충격에 빠진 고객에게 필자는 글로벌 1위부터 100위 브랜드를 모은 표를 보여드렸다.

"여기서 모르시는 기업만 골라보시겠어요?"

결과는 1장에서 우리가 살펴본 바와 같다. 5개 정도 외에는 모두 일상에서 사용하고 있거나, 쓰지 않아도 잘 아는 익숙한 기업이라는 답이 돌아왔다.

"이 100개 기업은 모두 주식 직접투자가 가능합니다. 심지어 배당 성장까지 하는 최고의 기업이 많아요."

고객은 무척 놀라워하면서 이렇게 말했다.

"매일 보고 먹고 마시고 쓰는 기업인데, 그 기업 주식을 사볼 생각을 왜 못했을까요? 늦게 알아서 아쉽기는 하지만 이제부터라도 섹터별 1등주에 투자하고 싶어요. 10년 정도 내다보고 묻어두려고 합니다."

섹터별 1등은 모두가 아는 기업이라 선택하기 어렵지 않았다. 목록은 아래와 같다.

아마존, 알파벳, 마이크로소프트, 애플, 넷플릭스, 월트디즈니, 엑슨모빌, P&G, 스타벅스, 록히드마틴, 비자, 세일즈포스닷컴, 스퀘어, 월마트, 코스트코홀세일, 타이슨푸드, 보잉, 존슨앤존슨, 머크

적게는 100만 원, 많게는 2000만 원씩 분산해 해당 기업 주식을 매수했다. 매수시점은 2018년 1월이었는데, 미국증시는 계속 성장하고 있어 30% 이상 수익을 냈다. 코로나19 사태로 하락세를 겪기는 했지만 매도하지 않고 오히려 추가 매수를 결정했다. 앞으로 최소 7~8년 성장세를 내다보면서 계속 투자하겠다는 계획을 밝혔기 때문이다.

한국주식 대형주를 10년 보유하는 것과 미국주식 대형주를 10년 보유하는 것. 안타깝지만 후자가 성공 확률이 훨씬 높다. 한국기업은 외부 변수에 많이 노출돼 있고, 이른바 '전방 업체'의 수주를 받는 기업 비중이 굉장히 높다. 하지만 미국 1등주는 수주를 주는 입장이라 그들 스스로 기준을 세우고 중심을 잡을 수 있어, 외부에 영향을 주면 줬지 외부요인에 잘 흔들리지 않는다. 투자하기에 이처럼 확실한 강점이 있을까? 세계 1위 기업이 대부분 미국기업이기 때문에 변동성 측면에서도, 안정적 성장 측면에서도 미국주식이 강세일 수밖에 없다.

"미국 배당주에 투자해 경제적 자유를 얻고 싶습니다"

해외주식
투자사례 4

이번 투자자는 대기업 과장 고객이다. 얼마 전 유튜브에서 한 미국인 부부의 영상을 보게 되었는데, 경제적 자유를 위해 극단적으로 저축하면서 미국 배당주에 투자한다는 내용이었다. 그 부부는 열심히 모은 돈으로 우량 배당주식을 계속 사모으면서 매월 통장에 들어오는 배당을 늘려가는 중인데, 이 배당이 월급만큼 금액이 커지면 은퇴하겠다는 계획을 세워놓고 있었다.

경제적 자유를 획득해 일찍 은퇴하는 파이어족 유행은 비단 미국만의 이야기는 아니다. 우리나라에서도 젊은 층을 중심으로 파이어족을 목표로 하는 투자자들이 크게 늘고 있다. 이 투자자도 파이어족이 되고 싶다며, 미국 배당주에 투자해 매월 배당을 받을 수 있는 포트폴리오를 요청했다. (자기도 월급만큼 배당을 받게 되면 은퇴하고 싶다며, 같이 하지 않겠느냐는 말에 필자도 마음이 흔들린 건 비밀이다.)

미국주식은 기본적으로 분기(3개월)마다 배당을 주기 때문에 1년에 한 번 배당하는 한국주식보다 재미가 쏠쏠하다. 게다가 포트폴리오를 잘만 구성하면 매월 배당을 받을 수도 있다. 1,4,7,10월과 2,5,8,11월, 3,6,9,12월에 배당을 지급하는 기업 주식을 1개씩만 사서 보유하면 된다. 1장에서 보았듯이 50년 이상 꾸준히 배당을 늘리는 배당성장 기업도 있고, 5년 이상 배당을 지급하는 기업도 수백 개나 된다. 필자가 제안한 기업은 다음과 같다.

> 애플, 마이크로소프트, 존슨앤존슨, 코카콜라, 알트리아, 필립모리스, 록히드마틴, 비자, 스타벅스, 리얼티인컴, 웰타워, AT&T

이 고객은 자금이 생기거나 배당이 들어오면 그대로 재투자해서 복리 효과를 꾀하고 있다. 추후 누적 매수금액이 일정 수준에 도달해 매월 받는 배당금이 월급을 넘어선다면 빨리 은퇴해서 행복한 삶을 누릴 수 있도록 말이다.

미국 어닝 시즌을 이용한 트레이딩 전략

해외주식
투자사례 5

미국은 2008년 금융위기 이후 양적완화로 엄청난 돈을 풀어 증시 활황을 이끌어냈다. 그 결과 미국기업들은 실적발표 시즌마다 늘 기대를 뛰어넘는 성과를 보여주었고, 덕분에 10년 이상 해외주식을 다뤄온 필자 또한 매번 놀라곤 했다.

그렇다면 이렇게 반문할 수도 있지 않을까? "매번 안 샀다가 후회하지 말고 실적발표 전에 사두면 되잖아?"

필자는 이 점에 주목해, 미국 대표기업들의 실적발표 전과 발표 후의 주가 변동을 살펴봤다. 결과는 놀라웠다. 대다수 1등기업은 늘 서프라이즈를 안겨줬고, 그때마다 주가는 최소 2%에서 많게는 15%씩 급등했던 것이다. (물론 기업 실적 결과가 늘 같지는 않지만, 최근 몇 분기 트래킹 결과는 이렇게 나왔다.)

그래서 한 가지 전략을 세웠다. 아마존이 4월 25일 장 마감 후 실적을 발표한다고 해보자. 4월 25일 장중에 아마존 주식을 매수하고 장 마감 후 시간 외 거래에서 주가가 상승하면, 바로 다음 날인 4월 26일 장 시작과 함께 상승한 아마존을 바로 매도해 수익을 쌓는 전략이었다. 말하자면 현상을 이용한 매매법으로, 미국에서는 굉장히 흔하게 쓰이는 투자법이다. 필자는 이 어닝 전략으로 넷플릭스를 매매해 하루 만에 12%의 수익을 거두기도 했다.

실적발표를 앞둔 시점에 시킹알파나 구글에 해당 기업을 검색하면 예상 프리뷰와 예상 EPS 등을 알려주기 때문에 도움이 된다. 물론 늘 맞는 것은 아니고 성공만 하는 것도 아니다. 다른 기업에 투자했을 때는 어닝 쇼크로 하루 만에 13%가 하락한 적도 있다.

그럼에도 소개하는 것은 한국기업에는 이 전략을 쓸 기회가 별로 없기 때문이다. 한국기업은 예상 실적이 주가에 반영되어 있어서, 뉴스가 나오고 나면 그때부터 매도에 나서는 사람들이 많다. 반면 미국 투자자들은 시가총액 1500조 원인 기업이 어닝 서프라이즈를 기록해도 다음 날 갭으로 5~10%까지 주가를 띄우곤 한다. 이 또한 미국주식의 특징이라 볼 수 있다.

물론 100% 완벽하고 안전한 투자법은 없다. 하지만 미국기업 실적이 회복되고 코로나19 사태가 해결되고 나면, 어닝 시즌을 이용해 트레이딩에 도전하는 것도 좋은 경험이 될 것이다.

"중국에 10년 장기투자하렵니다"

해외주식
투자사례 6

이번에는 중국기업 투자사례다. 이번 투자자는 중국에서 사업하면서 10년째 중국을 왕래하고 시장상황을 꾸준히 지켜본 분이었다.

많은 투자자들이 중국기업의 성장 가능성을 크게 점치지만, 한편으로는 공산주의 국가라 정부 입김이 세다는 점 때문에 신중해지곤 한다. 그런데 이 고객은 중국 경제발전상을 현장에서 본 터라 중국시장에 대한 믿음이 있어서 솔루션을 제공하기가 쉬웠다.

이 고객은 자주 트레이딩하는 유형은 아니었고, 주가가 당장 내려가도 상관없으니 10년 뒤를 생각해 묻어두겠다고 했다. 그렇다면 섹터별 1등기업으로 포트폴리오를 짜는 것이 좋다.

-알리바바: 중국 전자상거래 1위 기업

-텐센트홀딩스: 중국 모바일플랫폼 1위 기업

-해천미업: 중국 간장·조미료 제조 1위 기업

-이리실업: 중국 유제품 제조 1위 기업

-중국평안보험: 중국 손보·생보 1위 기업

-귀주모태주: 마오타이주 제조업체

-비야디(BYD): 중국 전기차 1위 기업

-장전테크놀로지: 중국 반도체 후공정 1위 기업

-항서제약: 중국 항암제 1위 기업

-삼일중공업(Sanny): 중국 굴삭기 1위 기업

고객은 이들 기업에 같은 금액으로 분산투자했고, 2년이 지난 현재 수익률은 환차익 포함 약 +57%에 육박한다. 물론 수익률이 내려갈 때도 있었지만, 장기적으로 꾸준히 투자한 결과였다.

2008년 모 중국펀드의 기억 때문에 아직도 우리나라 투자자들이 중국투자를 조심하는 것도 사실이다. 하지만 이번 사례를 통해 과거의 일, 그리고 나의 편견이 새로운 가능성을 막지는 않았는지 자문해보자. 열린 생각과 열린 마음으로 모든 기회를 객관적으로 바라볼 줄 알아야 한다. 조금만 더 시야를 넓혀보자. 중국주식으로 돈 번 사례는 우리 주위에 의외로 많다.

"해외주식도 적립식으로 투자하고 싶어요"

해외주식
투자사례 7

　이번에는 필자가 가장 많이 만나는 유형의 투자자를 소개하겠다. 주식은 잘 모르지만 국내주식은 돈을 잃기만 한다고 들었고, 해외주식이 뜬다는데 직접 투자하기는 겁나고, 결국 은행에서 배운 적립식 투자를 하고 싶다는 투자자들이다. 이 또한 매우 좋은 투자법이다. 늘 명심해야 하는 말이지만 투자에는 왕도가 없다. 자기 투자성향과 상황에 따라 맞는 길을 가면 그것이 정답이다.

　예를 들어 KB증권에도 해외주식 적립식 매수 서비스가 있다. 매달 정해진 날에 정해놓은 금액 내에서 정해진 종목을 매수해주는 시스템이다. 이 서비스를 이용하면 적립식 펀드처럼 매월 매입단가를 분산해 투자할 수 있다.

필자는 이 고객에게 다음의 6개 종목을 적립식 시스템으로 매월 매수할 수 있도록 전략을 짜드렸다.

아마존, 마이크로소프트, 애플, IXJ, FND, VOO

IXJ는 글로벌 헬스케어 기업 ETF이고, FND는 다우존스 인터넷기업 ETF다. VOO는 미국의 대표적인 인덱스 S&P지수 ETF로, 미국 인덱스는 초과성과를 추구하는 액티브 펀드나 헤지펀드보다 높은 수익률을 기록하는 경우가 많아서 추천했다.

"그렇다면 한국의 코스피200지수를 추종하는 KODEX200에 투자하면 되지 않나요?"

그렇게 생각할 수도 있다. 하지만 최근까지 한국 코스피의 별명이 '박스피'라는 데서도 알 수 있듯이, 한국지수는 늘 상방이 막혀 있었다. 코스피지수 1700~1800대에서 매수하고 2000대에서 매도하는 박스권 전략이 유용하다는 평을 받았던 이유도 여기에 있다.

물론 이런 투자를 해도 된다. 하지만 기본적으로 적립식 투자는 장기적으로 우상향 성과를 기대한다는 의미다. 현실적으로 그 목표에 가장 적합한 전략은 역시 미국지수에 투자하는 것이다. 그러니 소액으로 분산 적립식 투자를 하고 싶다면 이 사례처럼 가벼운 마음으로 시작해보자.

오피스텔 대신 미국 상장 리츠를 산다

　필자는 최근까지 강남 대치동에서 PB 업무를 수행하면서 다양한 고객의 자산관리를 도왔는데, 그러다 보니 자연히 개인투자자들의 고민을 접할 기회가 많았다. 고객들과 이야기를 나누다 보면 우리나라 사람들은 부동산 투자에 정말 관심이 많다는 사실을 깨닫게 된다. 고객들이 가장 많이 하는 고민도 바로 부동산 투자 후유증이다. 대출을 잔뜩 받아 건물주가 되었는데 공실이 오래돼 임대수익보다 대출금이 더 많다는 이야기, 대출로 건물을 매수했는데 몇 년째 건물 가격은 오르지 않고 세금만 많이 나간다는 이야기, 오피스텔을 샀는데 투자금액 대비 임대수익이 높지 않아 고민이라는 이야기, 1층 삼겹살집 때문에 2층 임차고객이 냄새와 소음 문제로 계

속 항의해서 걱정이 많다는 이야기까지.

이런 투자자라면 해외 상장 리츠에서 대안을 찾아보자. 특히 매매차익에 대한 기대가 낮거나 보유세, 종합부동산세, 취득세 등 부동산 관련 세금 부담이 크다면, 그리고 금융소득종합과세에 덜 민감하다면 특히 적합하다. 부동산에 직접투자하며 마음고생하는 대신 해외 상장 리츠에 투자하는 것이다.

이번에 소개할 사례도 그런 경우다. 이 고객은 2017년 7월에 여유자금 2억 5000만 원으로 오피스텔을 매수해 월세를 받으려고 계획 중이었다. 하지만 과연 부동산 가격이 오를지, 임차인 유치가 어렵지는 않을지, 월세는 보증금 3000만 원에 월세 50만 원으로 잡고 있는데 괜찮을지, 보유세나 재산세 등 세금은 얼마나 될지 등 고려해야 할 사항이 너무 많아 고민이었다.

이에 필자는 오피스텔 매수가 아니라 미국 상장 리츠 투자를 제안했다. 추천한 종목은 '글로벌 넷 리스(Global Net Lease, GNL US).' 미국과 유럽에 위치한 약 300여 개 부동산에 투자하는 종목으로 당시 배당수익률이 세전 약 10%에 달했다. 특히 당시에는 매달 달러로 배당을 지급한다는 점이 매력적이었다. (2020년 4월 현재 분기배당으로 변경되었다.)

고객은 여러 투자 포인트와 리스크를 듣고 난 후, 결국 오피스텔이 아닌 글로벌 넷 리스에 투자하기로 결정하고 당시 원-달러 환율 약 1060원대에서 환전해 주당 약 20달러 정도에 2억 원가량 매수했다. 약 2년 6개월이 흐른 지금, 환율은 약 1220원(2020년 2월 기준)이며 배당수익은 세전 약 25%다. 최근 글로벌 넷 리스의 주식 가격은 21.71달러(2020년 2월 21일 종가 기준)로, 20달러에 투자했을 시점에 비해 매매, 환, 배당수익 3가지 모두 2020년 2월 기준 40% 이상의 수익을 올렸다. 최근 코로나19 사태로 하락해 19.70달러에 전량 정리해서 수익을 확정지었으나, 사태가 완화되면 다시 저점에서 매수할 계획이라고 한다. 오피스텔에 투자했을 때의 예상수익보다 훨씬 좋은 성과를 거두고, 앞으로도 꾸준히 투자할 계획까지 세워둔 것이다.

해외리츠 장기 분할
매수 효과를 톡톡히 보다

해외주식
투자사례 9

해외 이민을 고민하다가 글로벌 리츠에 투자하는 경우도 많다. 2017년 상담을 진행한 고객은 배우자, 자녀와 함께 캐나다로 이주할 계획이었다. 이 고객은 투자하고 싶은 상품의 성격을 구체적으로 제시했다. 캐나다달러가 10년래 최저 수준(2017년 하반기 당시 약 평균 830~850원대)이라는 점을 감안해, 환전한 후 안정적인 배당이 지급되는 상품이나 주식에 투자하고 싶다고 했다.

필자가 추천한 글로벌 리츠는 캐나다 증시에 상장된 아티스리츠 (Artis REITs)였다. 이 리츠는 세전 시가배당률이 약 7~8%고, 캐나다달러로 매달 배당을 지급한다. 임차고객으로 미국 세관이나 국경 수비대, 캐나다의 연금기관, 우체국 등 국가 또는 정부기관이 포함돼 있는 점도 매력적이었다. 임차기간도 평균 8년 이상으로 안정적이다. 고객은 당시 약 850원에 캐나다달러로 환전해 아티스리츠를 1주당 약 11.30캐나다달러에 매수했다. (참고로 캐나다 주식은 자주 거래되지 않기 때문에 대부분 전화 주문으로 거래한다.)

이 고객은 약 8개월간 매월 배당금을 받았다. 그런데 예상치 못한 소식이 날아들었다. 아티스리츠가 배당을 50% 삭감하고, 이렇게 확보한 자금으로 자사주를 매입해 저평가된 주가를 부양하겠다고 발표한 것이다. 일반적으로 자사주 매입은 주가에 호재로 여겨지지만 아티스리츠는 주가가 10% 이상 급락했다. 리츠는 배당을 보고 투자하는 경우가 많기에, 배당을 축소한다는 소식이 악재로 받아들여진 것이다. 하지만 필자는 오히려 고객에게 추가 매수를 권했다. 자사주 매입을 통해 주가를 부양하겠다는 의지를 나타낸 데다, 기본적으로 리츠는 장기투자로 접근하는 것이 좋다고 판단했기 때문이다. 고객도 권유를 받아들여 1주당 약 9.80캐나다달러에 추가 매수해, 평균 매입가를 1주당 10.08캐나다달러로 낮췄다.

전략은 성공적이었다. 2019년 말 캐나다달러가 약 880~910원대로 오르면서 환차익이 발생했을 뿐 아니라, 자사주 매입 효과로 주가도 계속 상승해 1주당 12.58캐나다달러까지 올랐다. 고객은 현재 37%의 수익을 거두고 있다.

이렇듯 한 번에 많은 금액을 투자할 게 아니라, 하락할 때마다 분할 매수해 투자 규모를 키우는 것도 현명한 방법이다.

강남 부모들이
자녀에게 사준 주식은?

해외주식
투자사례 10

"엄마 아빠는 돈 생길 때마다 삼성전자 1주씩만 모으시지…."

2018년 삼성전자 주가가 역사상 최고가를 돌파하자 자녀들이 부모에게 이런 하소연을 했다는 웃지 못할 기사가 등장했다. 하지만 대치동에서는 사정이 조금 달랐다. 필자가 당시 대치동에서 PB로 일하며 가장 많이 진행했던 상담은 '해외주식 자녀 증여'였다. 있는 집 자녀들은 부모님에게 먼저 "애플 주식 사주세요, 맥도날드 사주세요"라고 말한다는 사실도 상담하면서 알게 되었다.

우리나라에서는 자녀에게 현금으로 재산을 증여할 경우, 미성년자는 2000만 원, 성년 자녀에게는 총 5000만 원까지 가능하다. 가족관계증명서와 신분증 등 서류를 가지고 증권사에 방문하면 부모가 미성년 자녀 명의로 계좌를 개설할 수 있다. 그 후 은행에서 방금 개설한 자녀의 증권사 계좌로 2000만 원을 이체하고, 세무서에 가거나 국세청 홈페이지에 들어가서 그 거래내역으로 증여 신고를 하면 된다.

강남 부모들은 이 2000만 원을 그냥 묵혀두지 않는다. 필자와 같은 PB와 상담하면서 '10년 후를 내다보고 글로벌 1등기업 주식을 사주고 싶으니 포트폴리오를 짜서 투자해달라'고 요청하는 것이다. 만약 이익이 났다고 중간에 매도한다면 당연히 양도소득세 22%를 납부해야 한다(물론 250만 원 이내의 수익이라면 비과세다). 또한 양도차익이 100만 원이 넘을 경우 부모의 그해 소득공제에서 자녀 인적공제(150만 원)도 받을 수 없다.

그래서 보통은 "대학교 등록금으로 쓸 거라 금융위기 수준의 문제만 생기지 않는다면 10년 동안 매도하지 않고 보유하고 있을 거예요", "열여덟 살에 증여하면서 결혼 밑천으로 주려고 합니다." 같은 장기투자 요청을 많이 받는다. 필자 또한 글로벌 1등기업 주식을 10~20년 동안 장기 보유하는 투자법은 무척 이상적이라고 생각한다.

고객마다 성향이 조금씩 다르기는 했지만, 증여 포트폴리오는 대개 미국, 중국, 베트남, ETF 4가지로 구성했다. 특히 중국주식은 업종별 1등 종목들인데, 최소 거래단위가 100주(베트남은 10주)지만 가격이 낮아서 적게는 100만 원 이하의 금액으로도 매수할 수 있다는 장점이 있다. 덕분에 소액으로 분산투자하기가 수월하다.

필자가 선택한 기업은 아래와 같다. 총 15~20개 정도 종목을 분산매수했고, 종목을 고를 때는 무조건 분야 1등만 골랐다.

아마존, 알파벳, 마이크로소프트, 애플, 존슨앤존슨, 버크셔해서웨이, 해천미업, 이리실업, 중국국제여행사, 평안보험, 텐센트, 알리바바, FDN(미국 기술주 ETF), KWEB(중국 인터넷기업 ETF), BOTZ(AI&로보틱스 ETF), IXJ(글로벌 헬스케어 ETF), 베트남 빈그룹, 빈홈즈, 마산그룹

투자자에게서 이런 이야기를 들은 적이 있다. 당시 좋은 코스닥 종목 10개를 자녀에게 증여했는데 10년 뒤 한 종목은 수익이 났고 4개는 반 토막 났으며, 나머지 5개 종목은 모두 상장폐지됐다는 것이다. 한국 1등기업이라고 안심하고 있을 수 없다는 뜻이다. 반드시 글로벌 1등기업에 투자해야 하는 이유다.

필자는 2017년경부터 증여 포트폴리오를 본격적으로 짜기 시작했는데, 앞에 제시한 포트폴리오의 최근 수익률은 환차익 포함 52%를 넘긴 상태다. 만약 자녀에게 세뱃돈 대신 삼성전자나 포스코 주식을 사주고 싶은 투자자라면 글로벌 1등 종목에 눈을 돌려봄 직하다. 소액으로 1주씩 적립식 매수하는 방법도 적극 추천한다.

테마로 접근하는 해외주식:
어디에 투자할 것인가?

PART 4

What

지금까지 해외주식에 투자해야 하는 이유, 투자를 시작하는 방법, 실제 투자사례를 보며 어떻게 투자해야 하는지, 투자하려면 무엇을 알아야 하는지 기본적인 틀을 잡아보았다. 그렇다면 이제 본격적으로 '어디에' 투자할 것인지 공부하면서 나의 기준을 잡아갈 차례다.

4부에서는 12가지 투자테마를 통해 종목별, 섹터별 대표기업들을 살펴볼 예정이다. 4차 산업혁명 대표주인 아마존, 알파벳, 애플, 마이크로소프트부터 경제적 자유를 위한 미국 배당주 투자, 젊은 투자자인 밀레니얼들이 주목하는 해외주식, 안정적이고 쉬운 투자가 가능한 ETF, 눈부신 경제성장률을 보여주는 중국과 베트남의 유망종목까지, 현재 투자자들이 가장 주목하고 있는 종목들, 좋은 실적을 내고 있는 기업들, 글로벌 1등주들을 정리해보았다.

물론 여기서 이야기한 종목만이 정답은 아니다. 하지만 왜 이 기업에 주목해야 하는지, 이 종목이 왜 투자자들에게 주목받았는지, 어떤 변화를 꾀하고 있는지를 알아본다면 시장을 읽는 안목을 키우고 내 투자기준을 정하는 데 도움을 받을 수 있을 것이다.

STOCK MARKET

4차 산업혁명에 투자하라!
① 아마존, 알파벳, 애플, 마이크로소프트

투자테마1

4차산업 시대! 페이스북, 아마존, 애플, 마이크로소프트, 구글 등 이른바 FAAMG 주식은 우리나라 해외주식 투자자의 입문 격이다. 한국예탁결제원 데이터에도 한국인이 가장 많이 보유한 주식, 가장 많이 거래한 주식에 위 5개 종목은 늘 포함돼 있다. 이유는 간단하다. 세계 1위에, 후발주자들이 따라오기 어려우며, 매 분기 엄청난 매출 성장을 보일 뿐 아니라 우리 생활에 밀접하게 쓰이고 있는 플랫폼 기업이기 때문이다.

우리나라 투자자들은 삼성전자를 선호하지만, 필자는 "그럴 바에는 아마존, 알파벳(구글), 마이크로소프트에 투자하시라"는 말을 꾸준히 해왔다. 삼성전자도 결국 아마존, 알파벳, 마이크로소프트

데이터센터에 반도체(DRAM)를 납품하는 '을'이기 때문이다. 이 3개 업체의 클라우드 수요에 따라 삼성전자의 주가가 오르락 내리락한다. 투자 관점에서도 당연히 '갑 중의 갑' 기업에 장기투자하는 것이 가장 현명하고 마음 편하지 않을까? 쉽게 말해 글로벌 1위 기업에 투자하는 것이 내 수익률에 가장 도움 된다는 뜻이다.

이번 투자테마에서는 글로벌 1위를 차지하는 4차산업 대표기업을 하나씩 꼽아보겠다.

아마존닷컴, 새로운 왕국을 꿈꾸는 기업

▶전자상거래 기업? No! 이제는 필수소비재 기업

2019년 우리나라 사람들이 가장 많이 보유한 주식, 가장 투자하고 싶은 주식, 바로 아마존닷컴(AMZN US)이다. 아마존닷컴의 2019년 총 매출은 약 327조 원으로, 우리나라 시가총액 1위인 삼성전자의 매출 230조 원을 크게 웃돈다.

미국을 비롯한 전 세계에서 아마존닷컴은 이미 사람들에게 소비를 위한 필수 플랫폼으로 자리 잡았다. 우리나라에서 쿠팡 로켓배송이나 마켓컬리 새벽배송을 일상적으로 사용하게 된 것처럼 말이다. 특히 코로나19 사태를 계기로 아마존을 IT기업이 아니라 생활에서 뗄 수 없는 '생활필수재'로 더욱 강하게 인식하게 되었다. 말

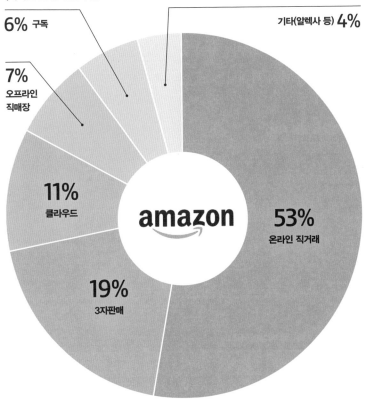

〈아마존 전체 매출비중〉

6% 구독

7%
오프라인
직매장

11%
클라우드

amazon

기타(알렉사 등) 4%

53%
온라인 직거래

19%
3자판매

출처 | 아마존 2019년 연간보고서

하자면 물건 구매는 으레 오프라인 상점에서 한다는 고정관념을 깬 기업이라 할 수 있다.

2019년 미국의 전체 리테일 소비 중 아마존의 전자상거래 매출 비율은 약 5.6%다. 매출이 몇 백 조 원인데 5%밖에 안 되냐고 생각할 수 있지만, 앞으로 1일 배송(1 Day Shipping)이 도입되며 더욱 구매가 늘어날 것으로 예상되며, 장기적으로 리테일 소비의 대부분을 전자상거래가 차지할 가능성이 높아지고 있다. 전자상거래 비중이 5%에서 50%까지 확대되는 날, 아마존닷컴 매출도 그만큼 늘어날

〈아마존닷컴 일봉 차트〉

출처 | KB증권 HTS / 2020년 3월 9일 종가 기준

〈아마존닷컴 재무 및 예상실적표〉

구분	2015년	2016년	2017년	2018년	2019년(예상)	2020년(예상)
시가총액	374.3조 원	432.1조 원	604.1조 원	821.1조 원	1062조 원	1080조 원
매출액	121.1조 원	157.8조	201.3조 원	256.3조 원	327.2조 원	400.7조 원
영업이익	40.0조 원	55.3조 원	74.5조 원	103.1조 원	134.1조 원	167.1조 원
순이익	0.6조 원	2.7조 원	2.5조 원	11.0조 원	13.5조 원	24.0조 원
EPS	1.26달러	4.91달러	4.56달러	20.15달러	23.01달러	40.96달러
P/E(배)	537.78	152.70	256.60	74.54	80.33	44.45
P/B(배)	23.79	18.55	20.43	16.93	14.83	10.26

출처 | 블룸버그

것은 분명하다.

특히 아마존 프라임은 아마존의 성장세를 견인하는 주요 서비스 중 하나다. 1년에 프라임 요금 119달러(한 달에 약 1만 2000원)를 내면 무료 배송, 1일 배송이 가능하다. 미국 전체 가구 중 3분의 1가량이 아마존 프라임 회원이며, 프라임 서비스 때문에 아마존닷컴을 이용한다고 응답할 정도로 고객만족도가 높다.

아마존 프라임 가입자 수는 2020년 3월 기준 1억 2000명을 돌파했다. 프라임 서비스 가입비 매출만 1년에 120조 원인 셈이다. 그뿐 아니라 프라임 회원 대상 매출만 연간 약 140조 원을 기록하고 있다.

1일 무료 배송과 더불어 아마존 비디오, 아마존 독서, 무제한 사진 저장이 가능한 클라우드 스토리지(아마존 포토) 등의 혜택도 있는데 사실상 무료에 가까워, 앞으로도 프라임 고객들의 충성도는 높게 유지될 것으로 보인다.

▶아마존의 미래 성장동력 '클라우드'에 주목하라

기업에 데이터 저장 및 보관은 중요한 문제다. 자체 데이터센터를 만들어 관리하는 기업도 적지 않은데, 문제는 보수·유지·보관비용이다. 이 때문에 자체 데이터센터를 폐쇄하고 빅테크 기업의 클라우드 서비스를 이용하는 기업들이 빠르게 늘고 있다. 매월 클라우드 서비스에 지불하는 비용이 유지보수비용보다 훨씬 저렴하고

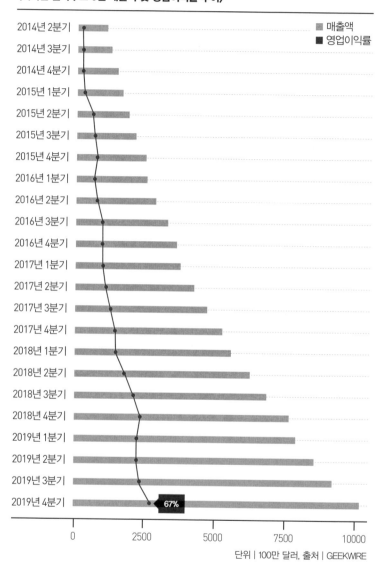

〈아마존 클라우드 5년 매출액 및 영업이익률 추이〉

매출액
영업이익률

2014년 2분기
2014년 3분기
2014년 4분기
2015년 1분기
2015년 2분기
2015년 3분기
2015년 4분기
2016년 1분기
2016년 2분기
2016년 3분기
2016년 4분기
2017년 1분기
2017년 2분기
2017년 3분기
2017년 4분기
2018년 1분기
2018년 2분기
2018년 3분기
2018년 4분기
2019년 1분기
2019년 2분기
2019년 3분기
2019년 4분기 **67%**

0   2500   5000   7500   10000

단위 | 100만 달러, 출처 | GEEKWIRE

관리도 쉬워서다.

클라우드 서비스에서도 아마존을 빼놓을 수 없다. 아마존의 클라우드 AWS(Amazon Web Service)는 글로벌 클라우드 점유율 1위(2020년 1분기 기준 52%)이며, 2019년 4분기 매출액 100억 달러(12조 원), 연 환산 매출액 400억 달러(45조 원)를 기록했다. 아마존의 2019년 4분기 매출액 중 약 23%, 영업이익의 72%가 AWS 매출이다. 우리나라에서도 KBS 등 방송사와 삼성, SK 등 대기업들이 AWS를 이용하고 있다.

4차산업을 주도하려면 데이터를 장악하라는 말이 있다. 이 말에 걸맞게, 아마존은 이미 4차산업의 핵심 비즈니스인 클라우드의 선두주자로 앞서 나가는 중이다. 아마존의 진정한 투자가치를 살피려면 소비재 기업으로만 접근할 것이 아니라, 아마존의 전체 사업으로 시야를 넓힐 필요가 있다.

알파벳, 눈 떠서 잠들 때까지 하루 종일 함께하는 기업

▶전 세계 누구나 구글을 사용한다

알파벳(구글, GOOGL US)은 인터넷 검색엔진과 유튜브로 유명한 인터넷 대표기업이다. 누구나 아는 기업이지만, 알파벳의 진가는 우리가 아는 영역에 그치지 않는다.

우선 알파벳의 모바일 운영체제인 안드로이드는 전 세계 스마트폰 운영체제의 73%를 장악하고 있다. 눈 떠서 잠드는 순간까지 계속 스마트폰을 들여다보고 사는 우리는 하루 종일 구글의 세상에서 살고 있다 해도 과언이 아니다. 이런 기업은 코로나19 같은 악재

〈알파벳 일봉 차트〉

출처 | KB증권 HTS / 2020년 3월 9일 종가 기준

〈알파벳 재무 및 예상실적표〉

구분	2015년	2016년	2017년	2018년	2019년(예상)	2020년(예상)
시가총액	652.5조 원	778.3조 원	805.4조 원	1064.8조 원	993.4조 원	–
매출액	104.7조 원	125.3조 원	150.5조 원	188.6조 원	190.1조 원	217.4조 원
영업이익	63.9조 원	73.8조 원	85.0조 원	104.8조 원	124.9조 원	145.3조 원
순이익	22.8조 원	28.7조 원	33.7조 원	39.0조 원	54.4조 원	62.5조 원
EPS	26.29달러	35.00달러	43.65달러	48.04달러	61.81달러	72.10달러
P/E(배)	28.20	30.10	23.94	27.88	19.59	16.79
P/B(배)	3.90	4.80	4.09	4.58	3.57	2.93

출처 | 블룸버그

에도 타격이 적다. 제조공장 없이 손 안의 스마트폰으로 우리에게서 돈을 벌어가기 때문이다.

안드로이드, 유튜브뿐 아니라 인터넷 검색광고, 클라우드의 약진도 빼놓을 수 없다. 구글의 광고 매출은 전 세계 검색시장의 93%를 차지하고 있으며, 안드로이드 앱스토어 매출, 유튜브 광고 매출, 클라우드 등도 꾸준히 성장 중이다.

구글 외 사업부인 아더 베츠(OtherBets)의 성장 가능성도 높게 점쳐진다. '언제까지 구글 검색 광고 매출로만 먹고살 것인가?'를 고민하던 알파벳은 아더 베츠 사업부를 통해 딥마인드(AI), 웨이모(자율주행) 등 다양한 신사업에 전폭적으로 투자하면서 매출구조 다각화를 추진하고 있다. 이 사업부는 전 세계를 이끌 만한 기술력도 보유하고 있어 미래가 더욱 기대된다.

▶인터넷과 모바일을 장악한 전 세계 최고의 플랫폼

스마트폰 시대, 우리는 모바일이나 인터넷과 결코 떨어질 수 없다. 오늘날 사람들이 모바일로 인터넷을 사용하는 시간 비중은 48%에 달하며, 그중에서도 구글의 전 세계 검색엔진 시장점유율은 93.7%에 이른다. 이렇듯 플랫폼을 장악해 수익을 내는 알파벳은 모바일과 가장 밀접한 밀레니얼 세대뿐 아니라 전 세계인과 가장 가까운 기업으로 성장하고 있다.

그중에서도 빼놓을 수 없는 채널은 유튜브다. 미국 성인 73%가 유튜브 유저이며, 밀레니얼 세대 51%가 TV보다 유튜브를 더 선호한다는 조사 결과도 있다. 알파벳은 유튜브를 2006년 약 2조 원에 인수했는데, 2019년 연매출은 약 18조 원에 달한다. 알파벳의 효자 비즈니스이자 캐시카우인 셈이다.

앞으로 5G가 활성화되고 모바일 데이터 소비량이 늘어날수록 유튜브의 매출과 성장은 더욱 가속화될 것이다. 유튜브는 업황을 타지 않는다. 전방업체처럼 '반도체를 안 사주면 어떡하나', '차량 구매가 줄어들면 어떡하나' 같은 고민을 할 필요가 없다. 모두가 눈뜨면 스마트폰을 켜서 유튜브 앱을 열고 TV 대신 시청하는 시대가 왔으니 말이다. 15초 광고나 유튜브 프리미엄 결제액은 그대로 구글과 알파벳의 실적으로 이어진다. 이 같은 성장을 기반으로 미래 먹거리에 엄청난 자금을 투자하는 기업, 내가 일하지 않아도 기업의 성장으로 돈을 벌게 해주는 기업, 바로 알파벳의 힘이다.

앞서 언급한 아더 베츠도 빼놓을 수 없다. 아더 베츠의 자회사 중 시장에서 가장 주목받는 업체는 자율주행 플랫폼인 웨이모(Waymo), 스마트홈 네스트(NEST), AI 자회사이자 알파고(AlphaGo)로 유명한 딥마인드(DeepMind)다. 특히 자율주행과 공유자동차 시대를 맞아 웨이모는 본격 성장기에 돌입할 것으로 기대를 모은다. 2030년까지 시장가치가 2500억 달러를 뛰어넘을 것으로 예상되는데, 자율주행 경쟁자들과는 비교할 수 없는 기술력과 데이터를 보유하고 있어 후발주자들이 따라잡기는 어려울 것으로 보인다.

기술력을 증명하는 단적인 예로, 자율주행 1000마일당 강제해제
(사람 개입) 횟수가 0.09회밖에 되지 않는다. 2위인 GM(0.19회)과 2
배나 차이 날 정도로 압도적인 기량이다. 업계 최초로 2018년 12월
에 자율주행 무인차 상용화를 선언하기도 했다.

　지금은 크게 두드러지지 않지만, 자회사들의 이 같은 성장 가능
성이 알파벳의 미래를 더욱 밝게 할 것이다. 필자는 "알파벳 1주에
투자하는 것은 수많은 자회사에 분산투자할 수 있는 ETF에 투자하
는 것과 같다"고 강조하곤 한다. 4차 산업혁명 시대, 알파벳은 투자
자의 '머스트 해브 아이템'이다.

혁신의 아이콘이자 미국을 대표하는 IT기업, 애플

▶글로벌 프리미엄 스마트폰 시장 70% 점유

　우리나라 국민연금이 가장 많이 보유하고 있는 미국주식 1위, 워
렌 버핏의 버크셔해서웨이가 가장 많이 보유한 종목 1위! 바로 애
플(AAPL US)이다. 애플은 아이폰을 앞세워 글로벌 프리미엄 스마
트폰 시장에서 압도적 1위를 차지하고 있다(출처: 스트래티지 애널리
틱스(Strategy Analytics), 2020년 1분기 기준). 또한 맥과 iOS를 활용한
애플만의 독자적 생태계를 구축해 높은 충성도를 자랑한다는 것도
강점이다.

〈애플 일봉차트〉

출처 | KB증권 HTS / 2020년 3월 9일 종가 기준

〈애플 재무 및 예상실적표〉

구분	2016년	2017년	2018년	2019년	2020년(예상)	2021년(예상)
시가총액	664조 원	904조 원	1191조 원	1169조 원	1396조 원	–
매출액	250조 원	261조 원	291조 원	300조 원	334조 원	366조 원
영업이익	69.1조 원	69.4조 원	77.3조 원	73.7조 원	81.5조 원	90.3조 원
순이익	52.7조 원	54.8조 원	64.9조 원	63.7조 원	70.7조 원	76.8조 원
EPS	8.26달러	9.12달러	11.87달러	11.90달러	113.60달러	15.57달러
P/E(배)	13.65	16.90	19.02	18.40	19.57	17.10
P/B(배)	4.69	5.89	10.02	10.74	19.02	26.63

출처 | 블룸버그

　코로나19 사태로 중국에 위치한 폭스콘 공장 출하량에 차질이 생기면서 생산이 정상화되기까지는 다소 시간이 걸릴 것으로 보이나, 웨어러블 제품 생산을 대만으로 일부 이전하는 등 중국 의존도를 낮추기 위해 노력하고 있고 매출 추이도 여전히 긍정적이라 회

복세도 빠를 것으로 예상된다. 특히 웨어러블 제품의 경우, 2016년 첫 공개된 에어팟은 단숨에 무선 이어폰 시장점유율 26%를 차지하며 1위에 오르는 저력을 보여주었다. 2019년에는 6500만 개를 판매하며 약 7조 원의 수익을 올렸고, 2020년에는 8500만 개까지 판매량이 증가할 전망이다.

▶사업구조 다변화를 통한 새로운 성장 모색

애플은 현재 매출이 하드웨어에 80% 이상 집중되어 있으나, OTT(애플TV+), 결제 플랫폼(애플 카드), 게임 플랫폼(애플 아케이드) 등 소프트웨어 포트폴리오 강화 전략을 발표하며 매출 다각화를 예고한 바 있다.

그중에서도 OTT가 눈에 띈다. 현재 OTT 시장 1위는 넷플릭스로, 월 12.99달러(스탠다드 기준)의 이용료를 내야 한다. 디즈니 플러스는 월 6.99달러, 아마존은 월 12.99달러다. 하지만 애플TV+는 월 4.99달러로 경쟁자들에 비해 낮은 가격으로 호응을 얻었다. 특히 애플 제품 사용자가 전 세계 10억 명에 이르기 때문에, 기존 사용자를 통해 시장점유율을 빠르게 확보할 수 있을 것으로 보인다. 영화계 거장 스티븐 스필버그 감독, 토크쇼의 여왕 오프라 윈프리 등도 애플과 손을 잡고 애플TV+ 오리지널 시리즈를 제작하고 있다.

서비스 분야 및 앱스토어 강화도 소홀히 하지 않는다. 서비스 분야 매출은 지금도 매년 폭발적으로 성장하고 있고, 세계 2위 모바일

〈애플 서비스 분야 매출 추이〉

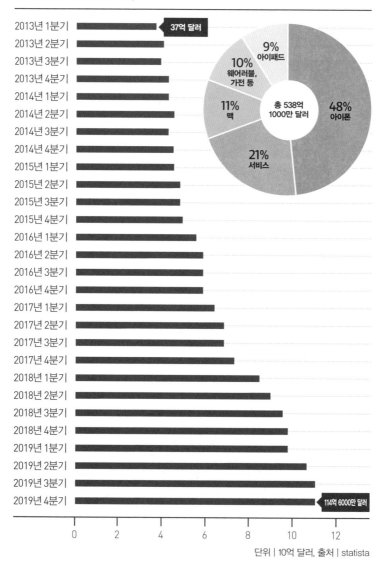

2013년 1분기 — **37억 달러**
2013년 2분기
2013년 3분기
2013년 4분기
2014년 1분기
2014년 2분기
2014년 3분기
2014년 4분기
2015년 1분기
2015년 2분기
2015년 3분기
2015년 4분기
2016년 1분기
2016년 2분기
2016년 3분기
2016년 4분기
2017년 1분기
2017년 2분기
2017년 3분기
2017년 4분기
2018년 1분기
2018년 2분기
2018년 3분기
2018년 4분기
2019년 1분기
2019년 2분기
2019년 3분기
2019년 4분기 — **114억 6000만 달러**

0　2　4　6　8　10　12

9%
아이패드

10%
웨어러블,
가전 등

11%
맥

총 538억
1000만 달러

48%
아이폰

21%
서비스

단위 | 10억 달러, 출처 | statista

운영체제인 iOS의 앱스토어 로열티 매출 역시 매년 우상향 중이다.

마이크로소프트, PC 강자에서 플랫폼 강자로

▶글로벌 1위 운영체제를 앞세워 균형 갖춘 매출구조를 완성하다

미국증시 시가총액 1위, 전 세계 기관이 가장 많이 보유한 주식 1위. 전 세계에서 사용하는 윈도우, 그리고 워드와 엑셀 등 오피스 프로그램의 창시자. 이렇게 숱한 수식어가 따라다니는 마이크로소프트(MSFT US)는 4차 산업혁명의 중심이자 워크라이프(work life)의 핵심이다.

PC 운영체제(OS)에서 마이크로소프트의 윈도우가 차지하는 비중은 88%로, 글로벌 시장에서 압도적 1위를 지키고 있다(출처: 넷마켓셰어닷컴(NetMarketshare.com), 2020년 2월 기준). 하지만 매출비중이 윈도우 OS에만 치중해 있는 것은 아니다. 현재는 소프트웨어 32.7%, 클라우드 31%로 안정적인 수익구조를 완성한 상태다.

▶구독경제와 클라우드로 새로운 성장동력을 얻다

현재 마이크로소프트는 '클라우드 퍼스트, 모바일 퍼스트'를 표방하며 기존 사업을 구독(subscription) 서비스로 성공적으로 전환시켰다. 오피스365, 엑스박스 라이브(Xbox Live), 스트리밍 게임 사

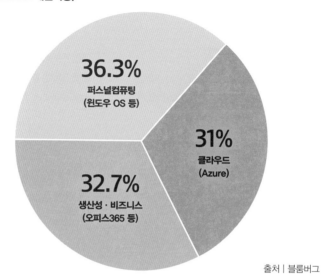

〈마이크로소프트 매출비중〉

36.3%
퍼스널컴퓨팅
(윈도우 OS 등)

31%
클라우드
(Azure)

32.7%
생산성 · 비즈니스
(오피스365 등)

출처 | 블룸버그

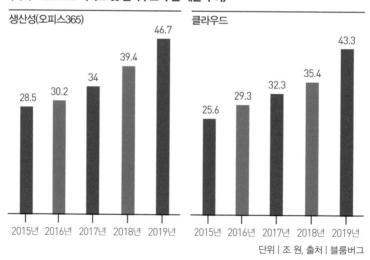

〈마이크로소프트 서비스 및 클라우드 부문 매출 추이〉

생산성(오피스365)

2015년	2016년	2017년	2018년	2019년
28.5	30.2	34	39.4	46.7

클라우드

2015년	2016년	2017년	2018년	2019년
25.6	29.3	32.3	35.4	43.3

단위 | 조 원, 출처 | 블룸버그

업부 또한 주력 성장동력이다.

특히 주목할 것은 클라우드 서비스다. 마이크로소프트는 클라우드 시장에서 아마존, 구글, 알리바바 등 IT기업들과 경쟁하면서 글로벌 2위까지 성장한 상태. 분기별 매출성장률 또한 70%에 달하

〈마이크로소프트 일봉차트〉

출처 | KB증권 HTS / 2020년 3월 9일 종가 기준

〈마이크로소프트 재무 및 예상실적표〉

구분	2016년	2017년	2018년	2019년	2020년(예상)	2021년(예상)
시가총액	460.3조 원	607.7조 원	842.8조 원	1186조 원	1368조 원	–
매출액	106.9조 원	110.1조 원	121.1조 원	156.5조 원	169.1조 원	189.4조 원
영업이익	31.8조 원	33.4조 원	38.5조 원	48.7조 원	61.6조 원	68.9조 원
순이익	24.3조 원	27.4조 원	31.3조 원	51.6조 원	51.7조 원	57.3조 원
EPS	2.59달러	3.07달러	3.67달러	4.68달러	5.66달러	6.33달러
P/E(배)	19.75	22.48	26.90	28.60	26.60	23.79
P/B(배)	4.81	6.06	9.15	10.01	9.49	7.70

출처 | KB증권 HTS

며, 1위인 AWS와도 계속 격차를 좁히고 있다. 또한 미국 국방부 클라우드 서비스 사업자에 선정되는 등 지속적인 성장세가 예상되어 투자자들도 주목하고 있다.

마이크로소프트의 성장과 변화는 현재진행형이다. 2020년 1월 윈도우7의 서비스 지원 종료를 예고하며 2019년 하반기부터 윈도우10으로 빠르게 업그레이드했는데, 2020년 2월 기준 윈도우10 사용자가 50%를 돌파하면서 기존 사용자들을 효과적으로 흡수하고 있음을 입증해 보였다.

현재 마이크로소프트는 오피스2010(2020년 10월 종료 예정)을 쓰던 기존 사용자들을 오피스365로 끌어들이기 위해 프로모션을 지속적으로 진행하면서, 1회성 구매가 아닌 정기구독 서비스를 유도하고 있다. 1위 기업답게 구독경제 흐름에 발맞춰 빠르게 변화·성장하는 모습을 확인할 수 있다.

4차 산업혁명에 투자하라!
② ASML, 엔비디아, 비자

ASML홀딩스, 반도체 미세공정 독점기업

반도체 업계 사람들은 다 아는 기업, 반도체 분야의 숨은 맛집 같은 기업. 바로 ASML홀딩스(ASML US)다. 네덜란드 기업이지만 현재 네덜란드 증시(유로화 거래 가능)와 미국증시에 ADR(아메리칸 예탁증서) 형태로 동시 상장돼 있어 두 시장에서 모두 거래할 수 있다.

대개 투자자 입장에서는 1등기업에 투자하는 것이 가장 좋다. 그런데 이 기업은 1등을 넘어 말 그대로 '독점기업'이다. 반도체 기업이라 하면 우리나라 투자자들은 삼성전자, SK하이닉스를 주로 꼽지만, ASML홀딩스는 단순한 반도체 기업이 아니라 반도체 미세 노광장비(EUV)의 끝판왕이라 할 수 있다. 대당 2000억 원의 EUV를 만들 수 있는 유일한 기업으로 당연히 시장 지배력 또한 독보적이다.

최근 삼성전자에서 메모리 반도체 불황기에 최첨단 EUV 15대를 추가 발주해 화제를 모았다. 2019년 ASML의 총 출하량인 30대의 절반이나 되는 물량이다. 이에 대만의 팹리스 업체인 TSMC 역시 110억 달러(약 14조 원) 투자를 단행했는데, 이후 5나노 이하 초미세 공장에서 EUV노광장비를 사용하겠다는 삼성전자와 ASML의 발표가 나오면서 ASML의 시장 독점이 더욱 강화될 것이라는 전망이 나오고 있다. 미세공정 구축은 반도체 시장 선도에 가장 중요한 부분인데, 이때 ASML의 장비가 필수적이기 때문이다. 앞서 언급했듯, 이 시장에는 경쟁자도 없다.

클라우드, AI, 5G 등 새로운 트렌드가 눈앞에 다가오면서 서버에 대한 욕구는 계속 커져왔다. 반도체 시장은 이에 맞춰 발전해왔으며, 그에 따라 더 나은 장비에 대한 수요도 늘어날 전망이다. 운동선수가 더 좋은 기록을 내기 위해 비싸고 좋은 장비를 써서 기량을 발전시키는 것과 같다. EUV는 4차 산업혁명의 핵심인 반도체 생산의 필수장비이며, 이 장비를 독점 생산하는 ASML은 미래 혁신의 중심기업이라 할 수 있다.

〈AMSL홀딩스 연간 매출 추이 및 전망〉

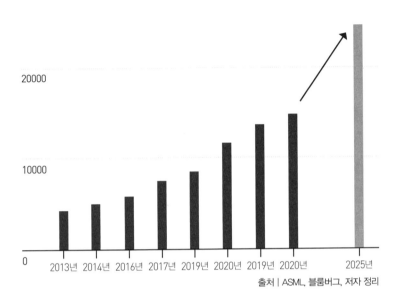

출처 | ASML, 블룸버그, 저자 정리

〈ASML홀딩스 일봉차트〉

출처 | KB증권 MTS / 2020년 4월 24일 종가 기준

▌엔비디아, 게이밍 GPU의 1인자 ▌

게임을 좋아하는 사람이라면 한 번쯤 들어봤을 엔비디아(NVDA US). 고사양 게임 마니아들이 끊김 현상 없이 게임을 즐기게 해주는 GPU(Graphic Per Unit)로 유명한데, 현재 GPU 시장점유율 약 70%를 차지하는 압도적 1위다. 엔비디아 매출의 절반 이상이 고사양 컴퓨터 게임 그래픽 카드에서 나오는데, 배틀그라운드, 리그 오브 레전드 등 고사양 게임의 인기가 이어지면서 GPU카드 칩 수요와 가격 또한 계속 상승하고 있다. 앞으로 3D, 4D까지 지원하는 고사양 게임이 계속 출시될 것으로 예상되면서, 엔비디아의 성장 가능성 또한 높게 점쳐진다.

하지만 엔비디아의 가능성은 게임에만 그치지 않는다. GPU는 최근 4차 산업혁명의 핵심 분야인 데이터센터, 자율주행, VR(가상현실), IR(증강현실) 등 다양한 섹터에 사용되고 있기 때문이다.

특히 데이터센터와 클라우드는 엔비디아 성장의 핵심 키워드다. 아마존, 알파벳, 마이크로소프트 등이 앞다투어 데이터센터를 증설하고 클라우드 시장을 공격적으로 확장하는 중인데, 이때 사용되는 것이 CPU 등의 처리장치와 연산 및 저장장치인 DRAM, NAND Flash다. 대부분의 CPU는 단순 연산만 가능한 반면 엔비디아가 주력하는 GPU는 복잡한 연산을 처리할 수 있고 딥 러닝(Deep Learning)을 구현하는 핵심 칩으로, 데이터센터향 GPU는 경쟁사 대비 10배 이상 빠른 성능을 갖추고 있다. 업계에서 데이터센터나 클라우드에 엔비디아의 GPU가 필요하다고 말하는 이유다.

엔비디아의 성장동력은 또 있다. 바로 '자율주행'이다. 메르세데스 벤츠, BMW, 볼보 등 약 80개 기업과 이미 기술협약 및 제휴협약을 맺고 자율주행 플랫폼 개발에 박차를 가하고 있으며, 모빌아이를 인수한 인텔보다 한발 앞섰다는 평가를 받는다. 현재로서는 이 분야는 엔비디아 전체 매출의 10%도 되지 않지만, 향후 최종 단계까지 이른다면 큰 폭으로 상승할 것이 분명하다.

이 밖에 2019년 ARM홀딩스와 함께 IoT(Internet of Things, 사물인터넷)의 표준 가이던스(guidance)를 함께 만들기로 발표하면서 화제를 모으기도 했다. ARM홀딩스는 반도체를 최초로 설계한 회사로, 얼마 전 손정의 회장의 소프트뱅크에 36조 원으로 인수된 바 있다. 몇 년 안에 IoT가 활성화될 것을 예상하고 엔비디아와 함께 그 표준을 선점하겠다는 의지로 읽힌다. 이처럼 4차 산업혁명의 미래에 엔비디아는 빠질 수 없는 주축으로 자리하고 있다.

비자, 글로벌 결제 시스템 1위

신용카드에 박힌 로고 비자(V US)를 모르는 사람은 없을 것이다. 그만큼 우리에게 친숙한 기업이자, 글로벌 결제 시스템을 50% 이상 독식하고 있는 결제 네트워크 사업 1위 기업이다.

　비자를 이야기하려면 우선 이 회사가 신용카드 회사가 아니라는 점을 짚고 넘어가야 한다. 비자는 신용카드가 아니라 결제 시스템을 판다. 세계 89개국의 은행 또는 송금업자의 송금 네트워크와 직접 연결된 크로스보더(Cross-border) 페이먼트 네트워크 서비스를 제공하는 기업이다. 단순한 신용카드 회사라면 앞으로 모바일 결제 시스템과 간편결제가 보편화될수록 회사의 존립이 위태롭겠지만, 비자는 설령 신용카드가 없어진다 해도 문제없다. 비자의 결제 시스템은 계속해서 살아남을 것이기 때문이다. 특히 결제 시스템이 변화하면서 결제시장 전체가 성장하고 있고, 현찰을 쓰지 않는 캐시리스(cashless) 사회로 탈바꿈하고 있어 비자의 라이즈 앤 비트(Raise and beat, 실적 예상치를 높이고 이를 매번 상회하는 것의 반복) 성장 스토리는 앞으로도 기대해볼 만하다.

　비자는 독점적 지위, 높은 진입장벽, 구조적 이익 성장 등 전 세계 결제시장과 함께 성장할 가능성이 높으며, 여기에 배당 및 자사주 매입을 병행하면서 적극적인 주주가치 제고 정책을 시행하고 있어 더욱 매력적이다. 다시 말하지만, 비자는 전자상거래 활성화로 가장 큰 수혜를 입을 기업인 동시에 10년 이상 매년 배당을 올려주고 있는 기업이다. 성장과 배당을 염두에 둔다면 비자는 반드시 투자 바구니에 담아야 한다.

〈비자의 매출비중〉

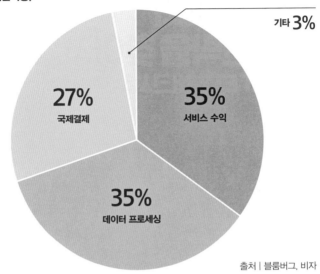

기타 **3%**

27%
국제결제

35%
서비스 수익

35%
데이터 프로세싱

출처 | 블룸버그, 비자

〈글로벌 모바일 결제시장 성장 추이〉

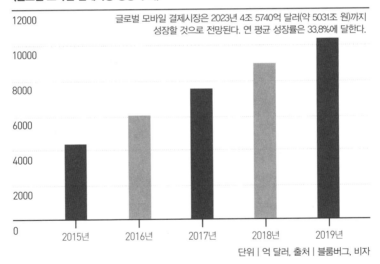

글로벌 모바일 결제시장은 2023년 4조 5740억 달러(약 5031조 원)까지
성장할 것으로 전망된다. 연 평균 성장률은 33.8%에 달한다.

단위 | 억 달러, 출처 | 블룸버그, 비자

워렌 버핏의
투자전략을 찾아서
-MOAT ETF, 버크셔해서웨이

투자테마 3

"잠자는 동안에도 돈이 들어오는 방법을 찾지 못한다면 당신은 죽을 때까지 일해야 할 것이다."

투자의 귀재 워렌 버핏의 명언이다. 배당주에 투자해 내가 잠든 사이에도 배당을 통해 돈을 벌어야 한다는 뜻이다.

투자자들이 워렌 버핏에게 주목하는 이유는 몇 십 년 동안 꾸준히 지수 평균을 뛰어넘는 성과를 기록했기 때문이다. 그렇다면 워렌 버핏은 어떤 철학, 어떤 관점으로 투자할 기업을 선정했을까?

그는 '해자'가 있는 기업에만 투자한다. 해자란 적의 침입을 막기 위해 성곽 주위에 파놓은 연못을 가리키는데, 워렌 버핏이 '경제적 해자'라는 표현을 사용하면서 경제 분야에도 쓰이는 용어가 되었다. 업계침체, 경쟁심화 등 사업여건이 악화된 상황에도 기업의 현금흐름을 보호해주는 구조적 진입장벽 또는 경쟁우위를 의미한다. 워렌 버핏이 종목을 선택할 때의 구체적인 철학은 다음과 같다.

① 비용 이점(Cost Advantage): 저렴한 생산비용을 무기로 경쟁자를 압도하는 기업

② 규모의 경제(Size Advantage): 압도적인 크기로 시장을 독점하는 기업. 일정 규모에 도달한 대기업은 더 낮은 비용으로 더 많이 생산할 수 있다. 작은 기업들은 대기업의 저비용 대량생산 공세를 막아낼 수 없다.

③ 높은 교환 비용(High Switching Costs): 높은 진입장벽으로 독보적 우위를 지닌 기업과는 경쟁하기 어렵다. 소비자 또한 탁월한 제품이 있다면 굳이 다른 제품으로 넘어가려 하지 않는다.

④ 강력한 무형자산(Intangibles): 무형자산의 시대, 설명이 필요 없는 브랜드 파워와 특허권 등을 보유한 기업이 시장을 지배한다.

⑤ 부드러운 해자(Soft Moats): 확실한 인재와 좋은 기업문화가 위대한 기업을 만든다. 참모들의 탁월한 리더십, 효율적인 기업문화가 중요하다.

그렇다면 이 기준으로 선별한 기업은 어떤 기업일까? 2020년 3월 기준 버크셔해셔웨이가 보유한 약 200조 원의 주식 중 상위 21

〈버크셔해셔웨이의 주요 투자 리스트〉

종목명	티커	보유주수	현재가 (USD)	보유금액 (USD)	보유금액 (KRW)	투자 비중
애플	AAPL	245,155,566	229.24	56,199,461,950	71,148,518,828,700	5.60%
뱅크오브 아메리카	BAC	925,008,600	19.67	18,194,919,162	23,034,767,659,092	10.60%
코카콜라	KO	400,000,000	38.30	15,320,000,000	19,395,120,000,000	9.30%
아메리칸 익스프레스	AXP	151,610,700	74.12	11,237,385,084	14,226,529,516,344	18.80%
웰스파고	WFC	323,212,918	26.50	8,565,142,327	10,843,470,185,982	7.60%
크래프트 하인즈	KHC	325,634,818	22.28	7,255,143,745	9,185,011,981,170	26.70%
JP모건 체이스	JPM	59,514,932	83.50	4,969,496,822	6,291,382,976,652	1.90%
무디스	MCO	24,669,778	175.80	4,336,946,972	5,490,574,866,552	13.20%
U.S. 뱅코프	USB	132,459,618	32.57	4,314,209,758	5,461,789,553,628	8.70%
다비타	DVA	38,095,570	64.99	2,475,831,094	3,134,402,165,004	30.30%
뉴욕 멜론은행	BK	79,765,057	29.07	2,318,770,207	2,935,563,082,062	8.60%
베리사인	VRSN	12,952,745	157.13	2,035,264,822	2,576,645,264,652	11.10%
차터 커뮤 니케이션	CHTR	5,426,609	371.70	2,017,070,565	2,553,611,335,290	2.60%
사우스웨스트 에어라인	LUV	53,649,213	31.94	1,713,555,863	2,169,361,722,558	10.40%
골드만 삭스	GS	12,004,751	138.41	1,661,577,586	2,103,557,223,876	3.50%
비자	V	10,562,460	146.83	1,550,886,002	1,963,421,678,532	0.50%

델타 에어라인	DAL	71,886,963	21.35	1,534,786,660	1,943,039,911,560	11.20%
제너럴 모터스	GM	75,000,000	18.14	1,360,500,000	1,722,393,000,000	5.20%
코스트코 홀세일	COST	4,333,363	290.42	1,258,495,282	1,593,255,027,012	1.00%
마스터 카드	MA	4,934,756	211.42	1,043,306,114	1,320,825,540,324	0.50%
아마존 닷컴	AMZN	537,300	1,846.09	991,904,157	1,255,750,662,762	0.10%

출처 | 버크셔해서웨이, CNBC, 저자 정리 / 2020년 3월 20일, 환율 1266원 기준

개 종목을 추려봤다. 워런 버핏이 가장 많이 투자한 기업은 애플이
며, 뱅크오브아메리카 등 금융주 비중도 상당히 높은 것을 확인할
수 있다. 그의 투자가 늘 옳았던 것은 아니다. 그러나 투자의 현인
인 그의 선택을 주목하면서 우리도 투자 아이디어를 얻을 수 있을
것이다.

워런 버핏의 투자원칙을 담은 스마트베타 ETF, MOAT US

워런 버핏의 투자기준을 따르는 MOAT US(VanEck Vectors Mor-
ningstar Wide Moat ETF)는 40~50개의 종목을 퀀트로 뽑아내 분산
투자하는 스마트베타 ETF다. 이 종목들은 세계적인 투자 리서치 기
관이자 펀드 평가사인 모닝스타(Morningstar) 리서치 팀이 1600여

〈MOAT ETF의 주요 투자 리스트〉

종목명	티커	주수	보유금액(USD)	투자비중
아마존닷컴	AMZN	40,218	74,246,047.62	3.29%
길리어드사이언스	GILD	1,005,350	73,651,941.00	3.26%
바이오젠	BIIB	243,101	67,769,265.77	3.00%
서비스나우	NOW	258,191	65,761,247.70	2.91%
세일즈포스닷컴	CRM	454,506	63,335,411.10	2.81%
머크	MRK	845,981	60,369,204.16	2.68%
인텔	INTC	1,312,323	60,143,763.09	2.67%
화이자	PFE	2,068,090	59,995,290.90	2.66%
버크셔해서웨이B	BRK.B	344,506	58,586,690.36	2.60%
페이스북	FB	386,770	57,911,072.10	2.57%
캐터필러	CAT	600,533	57,350,901.50	2.54%
찰스 슈왑	SCHW	1,821,344	56,006,328.00	2.48%
블랙록	BLK	157,607	55,906,355.04	2.48%
메드트로닉	MDT	705,600	54,655,776.00	2.42%
알트리아	MO	1,589,279	54,480,484.12	2.41%
필립모리스	PM	886,089	54,131,177.01	2.40%
나이키	NKE	792,563	53,458,374.35	2.37%
웰스파고	WFC	1,796,072	47,595,908.00	2.11%
마이크로소프트	MSFT	214,983	29,527,915.05	1.31%
브리스톨마이어스 스큅	BMY	609,493	29,499,461.20	1.31%
뱅크오브아메리카	BAC	1,464,523	28,812,928.84	1.28%
어플라이드머티리얼즈	AMAT	657,102	24,963,304.98	1.11%
레이시언	RTN	192,992	23,958,026.88	1.06%
보잉	BA	175,591	16,686,237.49	0.74%

출처 | VanEckVectors 운용사 MOAT ETF Fact Sheet / 2020년 3월 23일 종가 기준

개 미국주식 전 종목을 평가해 고른 것으로, 경제적 해자에 기반한 독자적 가치평가 모형에 따라 가장 저평가된 것들을 모아놓았다.

왼쪽 표는 그중 대표적인 24개 기업을 모은 것이다. 이 리스트는 3개월마다 교체되는데, 종목 선정 기준은 브랜드 파워, 특허 등 강력한 무형자산을 보유한 기업, 교체나 전환 비용이 매우 큰 제품군을 보유한 기업, 인적·물적 네트워크 효과가 큰 기업, 경쟁사 대비 유리한 비용구조를 가진 기업, 신규 진입요인이 제한된 시장을 선점한 기업 등이다.

해당 ETF에 편입된 종목 하나하나에 직접 투자하는 것도 좋지만 MOAT US에 투자한다면 이 같은 리딩 기업 주식을 ETF 1주 가격으로 쉽게 투자할 수 있어 훨씬 편리하다. 특히 워렌 버핏의 투자기준을 추종해 흡사한 전략을 쓰고 있다는 점도 관심 가질 만하다. 2020년 3월 기준 43개 종목을 담고 있으며, 모두 전문 애널리스트들이 고른 종목이자 좋은 해자를 지닌 종목들이다.

버크셔해서웨이, 투자의 귀재 워렌 버핏의 회사

앞에서 우리는 워렌 버핏의 투자기준을 추종하는 ETF를 살펴본 바 있다. 그렇다면 워렌 버핏의 회사인 버크셔해서웨이(BRK.B US) 주식의 가치는 어느 정도일까? 강남 부자들은 "아들딸, 손주에게 버크셔해서웨이 1주 정도는 물려줘야지!"라는 말을 종종 한다. 그만큼 '명품주'로 통한다는 뜻이다. 1주를 투자해도 워렌 버핏이 투자하는 종목과 철학을 자연스럽게 공부할 수도 있고, 매년 시장 대비 꾸준한 수익률로 보답하는 최고의 주식이기 때문이다.

버크셔해서웨이는 A, B 두 종류로 상장되어 있다. A주는 한 주에 약 30만~40만 달러, 원화로 3억~5억 원이라 개인이 투자하기 쉽지 않다. 하지만 이 불편함을 해소하기 위해 몇 년 전 버크셔해서웨이 B주가 등장했는데, B주는 주당 약 200달러 정도라 개인도 투자할 수 있는 길이 열렸다.

워렌 버핏은 실제 투자에서는 은퇴했고 후임 CIO들에게 맡긴 상태다. 하지만 여전히 미국 주주가치 제고를 위해 자사주 매입 등 다양한 전략을 사용하고, 주주총회도 꾸준히 열어 투자철학을 전파하는 등 미국주식 투자의 정석을 보여주고 있어 전 세계 투자자들의

〈버크셔해서웨이B주와 S&P500지수의 5년 일봉차트 비교〉

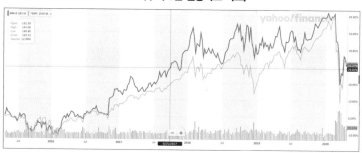

초록색이 버크셔해서웨이B주, 파란색이 S&P500지수. 출처 | 야후파이낸스 / 2020년 4월 24일 종가 기준

관심이 끊이지 않는다.

▶월급만으로 먹고살기 힘든 시대, 힘을 얻는 워렌 버핏의 명언

저금리·저성장·저수익 시대, 로또에 당첨돼서 당장이라도 은퇴해 조용한 곳으로 떠나고 싶은 사람이 너무나 많을 것이다. 특히 앞서 이야기한 파이어족 열풍이 전 세계로 확산되면서 우리나라에서도 미국주식 배당주 투자가 인기다. 유튜브에도 파이어족에 대한 많은 영상과 사례가 나오고, 각자의 수익률 추이와 배당 정보를 나누는 모습을 볼 수 있다.

경제적 자유 실현을 위한 수단으로 가장 주목받는 것이 배당주 투자다. 하지만 모든 배당주가 수익을 안겨주는 것은 아니며, 지금 당장 배당액이 많다고 앞으로도 많으리라는 보장도 없다. 배당수익을 가늠하려면 '과거에도 배당을 꾸준히 늘려주었는가, 앞으로도 배당을 줄이지 않고 유지하거나 늘려줄 수 있는 기업인가'를 반드시 확인해야 한다.

가장 쉬운 방법은 배당왕, 배당귀족 목록을 살피는 것이다. 미국의 배당주, 그중에서도 배당성장주들은 매년 배당을 늘려왔는데, 무려 50년 이상 꾸준히 배당을 증가시켜온 기업들은 '배당왕(Dividend King)'으로 불린다. 코카콜라(KO US)가 대표적으로, 1년 동안 약 2.56%, 3년 동안 약 4.55%, 5년간 약 5.57%, 10년간 약 6.91% 배당을 성장시켜 왔다. 그 외에도 P&G, 존슨앤존슨이 있다.

25년째 배당을 꾸준히 늘린 기업은 '배당귀족(Dividend Aristo-crats)'이라 불린다. 캐터필러, 맥도날드, AT&T, 엑슨모빌, 유나이티드테크놀로지 등 약 57개 기업이 이에 해당한다(2020년 3월 기준). 10년 이상 배당을 늘려온 기업은 '배당 챔피언(Dividend Champion, Dividend Achievers)', 5년 이상 늘려온 기업은 '배당 블루칩(Dividend Bluechips)'이라 부른다.

배당주를 고를 때는 아래 사항을 반드시 체크해야 한다.

① 배당을 10년 이상 늘리고 있는가? 2008년 금융위기 때도 마찬가지였는가?

② 현재 시가배당률은 얼마인가? 현재 배당률이 낮다고 해서 좋지 않은 주식일까?

③ 배당 성향을 꾸준히 높게 유지하는가?

④ 시가배당률만 높고, 기업의 매출과 EPS는 줄고 있지 않는가?

예를 들어보자. 다음은 어떤 기업의 2016년과 2017년 주가와 배당금, 시가배당률이다.

[2016년] 주가:100달러, 주당 배당금:2달러, 시가배당률:세전 2%
[2019년] 주가:200달러, 주당 배당금:4달러, 시가배당률:세전 2%

2016년 시가배당률이 2%였던 종목이 매년 배당을 늘리고 주가도 함께 오르면서 2019년에는 시가배당률이 4%까지 올랐다. 이처럼 당장의 시가배당률이 낮다고 해서 메리트가 없는 주식은 아니다. 반대로 현재의 시가배당률이 높다고 무조건 좋은 배당주인 것도 아니다. 앞의 예시는 배당성장과 매출성장으로 주가가 상승한 가장 바람직한 경우다.

▶미국주식의 배당주기

한국주식은 보통 1년 또는 6개월(반기)에 한 번씩 배당을 지급한다. 하지만 미국은 매월 혹은 분기(3개월)마다 지급하는 것이 장점이다. 3개월마다 주는 주식이라도 서로 다른 배당주기를 배합하면 매월 배당을 받는 포트폴리오 구성도 가능하다.

그렇다면 언제 주식을 사야 배당을 받을 수 있을까? 또 언제 배당을 받고 팔 수 있을까?

이 또한 검색을 통해 쉽게 알 수 있다. 시킹알파에 들어가서 종목명이나 티커명을 조회한 후 'Dividends' 버튼을 누르면 'Ex-DIVIDEND DATE'가 뜨는데, 이것이 바로 배당락일이다.

다음 페이지에 제시한 이미지에서는 2019년 11월 14일이 배당락일이라는 의미다. 한국주식은 결제일이 T+2일이라 월요일에 주식을 매도하면 수요일에 돈이 들어오지만, 미국주식은 현지결제일은 T+2일, 국내결제일은 T+3일이다. 현지결제일 기준으로 그 날짜가 주주명부 확정일(record date)까지 딱 맞아떨어지면 주주명부에 들어가 배당 막차를 탈 수 있다. 즉 대부분의 경우 배당락일 바로 전날까지 매수하면 배당을 받을 수 있다.

이번에는 배당을 받고 최대한 빨리 팔고 싶다면? 배당락일 당일에 매도하면 된다. 다만 이 경우 매월 혹은 분기별로 분산된 주식들은 배당락이 약간 하락한 상태이기 때문에, 배당 조금 받았다고 주식을 떨어진 가격에 바로 팔 필요가 있을지 생각해보는 것이 좋다. 물론 이 경우도 1년에 한 번 배당락이 있는 한국주식보다 당일 하락폭이 덜하기는 하다.

〈AT&T 배당금 및 배당일 확인〉

출처 | 시킹알파 / 2019년 11월 21일 종가 기준

〈월 배당 포트폴리오 구성 가능 종목 예시〉

기업명	티커	배당 지급월											
		1월	2월	3월	4월	5월	6월	7월	8월	9월	10월	11월	12월
시스코 시스템스	CSCO	O			O			O			O		
알트리아	MO	O			O			O			O		
필립모리스	PM	O			O			O			O		
AT&T	T		O			O			O			O	
P&G	PG		O			O			O			O	
스타벅스	SBUX		O			O			O			O	
록히드마틴	LMT			O			O			O			O
비자	V			O			O			O			O
존슨앤존슨	JNJ			O			O			O			O

자, 그럼 본격적으로 글로벌 최고의 기업, 배당투자 메리트가 큰 기업을 알아보자.

경제적 자유 실현을 위한 미국 배당주 투자
– AT&T, 록히드마틴, 코카콜라

투자테마 4

미국 대표 배당주, AT&T

AT&T(T US)는 배당과 성장을 동시에 충족하는 기업이자 미국 내 시장점유율 2위 통신사업자다. 특히 배당주에 투자할 때 미국인들이 반드시 담는 머스트 해브 아이템인데, 그 이유로 늘 높은 시가배당률을 유지한다는 점이 첫손에 꼽힌다. 2020년 3월 31일 종가기준 AT&T의 시가배당률은 세전 연 6.79%로, 2019년 시장 평균(S&P500 기준) 시가배당률인 1.9%를 훨씬 상회하는 수치다.

투자 포인트는 또 있다. 데이터가 필수요소인 4차 산업혁명 시대가 도래했다는 점, 코로나19 사태로 모바일 데이터 소비와 트래픽

〈AT&T 배당 세부내역〉

출처 | 시킹알파 / 2020년 4월 24일 종가 기준

이 증가하고 있다는 점이다. 인공지능, 클라우드 서비스, 자율주행 등의 기반이 5G인 만큼 데이터 사용량이 폭발적으로 증가할 전망이라, AT&T 또한 그 수혜를 입을 것이 확실하다.

두 번째 포인트는 OTT 경쟁이다. 넷플릭스와 아마존이 양분하던 온라인 동영상 서비스 시장에 디즈니 플러스, 애플TV+ 등이 참여하면서 OTT 경쟁이 심화되고 있는데, 시장에서는 이 경쟁의 가장 큰 수혜자로 통신사를 꼽는다. OTT산업의 발달은 데이터 사용량 증가로 이어져 통신사들이 이득을 볼 것이기 때문이다. 특히 AT&T 는 2018년 타임워너를 인수해 HBO, CNN, 워너브라더스 등을 보유하고 있고, 무제한 요금제 사용자에게 영상 콘텐츠를 제공해왔다는 점도 강점으로 꼽힌다.

또한 AT&T는 배당과 자사주 매입, 주주가치도 소홀히 하지 않는다. 35년째 배당을 꾸준히 증액해 5년 연평균 배당성장률이 2.09%이며, 2020년 예상 배당 성향은 58.19%다. 분기 단위로 2,5,8,11월에 달러로 배당을 지급하고 있어, 주기적이고 안정적으로 배당을 받고 싶은 투자자들이라면 눈여겨봐야 한다.

글로벌 방산 무기 판매 1위, 록히드마틴

록히드마틴(LMT US)은 전 세계 전장은 물론 우주까지 책임지는 글로벌 1위 방산기업으로 전투기, 미사일·화기, 헬기·레이더 등 군용기와 군사장비를 제작한다. 그뿐 아니라 미 항공우주국(NASA)과 협력해 우주 개발 사업에도 참여하고 있다. F-35 전투기, 사드 시스템, 블랙호크, 이지스 전투 시스템 등을 제조해 인지도와 신뢰도가 높으며, 배당과 자사주 매입, 주주가치에도 굉장히 신경 쓰는 기업이다.

2020년 3월 31일 종가 기준으로 세전 연 2.76%의 시가배당률을 보이며, 2020년 연간 주당 배당금 컨센서스는 9.6달러, 예상 배당 성향은 39.83%다. 5년간 연평균 배당성장률이 10.39%이며, 2003년부터 무려 17년째 배당금을 연속 인상하고 있다. 배당은 3개월마

〈록히드마틴 배당 세부내역〉

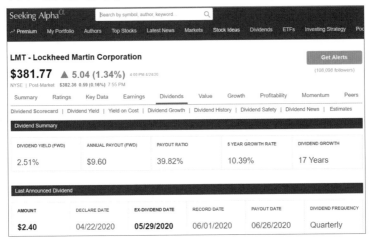

출처 | 시킹알파 / 2020년 4월 24일 종가 기준

다 3,6,9,12월에 달러로 지급한다.

필자는 이 기업을 특히 추천하는데, 업황을 타지 않는다는 장점 때문이다. 미국의 국방예산은 2020년에만 800조 원에 달하는데, 이 예산으로 록히드마틴과 같은 최첨단 방산기업의 무기를 꾸준히 사들이고 있다. 말하자면 미 국방부 예산이 록히드마틴의 '안전마진'인 셈이다. 우리나라 같은 우방국에서도 계속 구매하는 건 당연하다.

전 세계에 록히드마틴의 무인 정찰기와 무인 전투기가 보급되고 있고, 연간 가이던스 상향 지속, 매 분기 연간 가이던스 상향을 기록하고 있어 배당과 실적이 동시에 성장하는 대표기업이라 할 수 있다.

마트나 소비재 기업과 달리 록히드마틴은 코로나19 사태에도 큰 영향을 받지 않을 것으로 예상되지만, 증시가 전반적으로 조정되어 록히드마틴도 주가가 하락할 경우 앞으로의 성장세를 감안해 적극 매수하는 것도 추천할 만한 전략이다.

50년 이상 배당을 증액해온 배당왕 기업, 코카콜라

코로나19 사태 이후 사람들은 배달음식을 더 많이 접하고 있다. 배달음식에 늘 따라오는 음료는 알다시피 콜라, 특히 코카콜라(KO US)로, 수십 년간 세계인의 입맛을 사로잡아온 대표적인 음료다.

코카콜라는 시가총액 및 글로벌 매출액 기준 1위 음료제조기업 이다. 하지만 단순히 대표상품에만 의존하지 않고, 설탕 섭취를 줄 이자는 최근 움직임에 부응해 주력제품 변화를 과감하게 추진하면 서 지속 가능한 경영을 위해 노력하는 모습이 눈에 띈다. 기존의 강 력한 브랜드 파워를 바탕으로 제품군을 확장하는 중인데, 주스나 이온음료 등 비탄산 음료들로 제품 포트폴리오를 강화하는 데에도 적극적이다. 이런 노력의 결과 코카콜라는 40개국에 진출해 32곳 에서 음료 판매 1위를 굳건히 지키고 있다.

커피 시장의 성장세도 놓치지 않고, 세계 2위 커피 판매 기업인

〈코카콜라 배당 세부내역〉

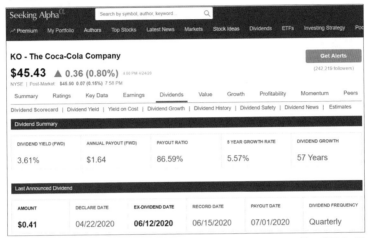

'코스타'를 인수해 공격적으로 사업을 확장하고 있다. 일반 커피숍이 아닌 RTD(Ready to Drink) 중심으로 제품을 내놓았으며, 2021년에는 유럽 10개국에 코스타 커피를 출시할 예정이다.

물론 앞서 말했듯 배당을 무려 57년째 증액해온 배당왕 기업이라는 점이 가장 주목할 만하다. 주주친화적 경영의 대표기업으로 꼽히며, 워렌 버핏이 투자한 기업으로도 유명하다. 2020년 3월 31일 종가 기준 시가배당률은 약 3.83%이며, 배당 성향은 77.32%, 지난 5년간 평균 배당성장률은 5.57%를 기록했다. 꾸준한 배당성장과 안정성을 원한다면 놓쳐서는 안 될 기업이다.

노인을 위한 나라는 있다?! 헬스케어 종목
– 존슨앤존슨, 애보트 래브러토리, 인튜이티브 서지컬

투자테마 5

"임상 결과에 이목이 쏠리면서, 글로벌 제약사와의 임상 제휴 및 미국 FDA 허가에 대한 기대감으로 30% 상한가를 기록했습니다."

흔히 볼 수 있는 코스닥 제약주 관련 기사 대목이다. 하지만 기대에 부풀어 투자해보면 어찌된 일인지 내가 산 시점이 상한가일 때가 대부분이다. 결국 손해만 보고 팔기를 되풀이한다.

우리나라 제약 바이오 기업 중에서도 좋은 기업은 많다. 하지만 대부분 적자 상태이고, 기술력에 대한 기대감만으로 움직이는 주식이 더 많은 것이 사실이다. 그러나 미국을 비롯한 선진국의 대형 제약사는 그렇지 않다. 이미 검증받은 기술력을 바탕으로 어마어마한 현금을 끌어모으고, 배당을 주고, R&D에 재투자하는 선순환 구조를 갖추고 있다. '노인을 위한 나라'를 준비하면서 주목해야 할 기업이 바로 이들 글로벌 대표 제약 바이오사다.

글로벌 1위 헬스케어 기업, 존슨앤존슨

존슨앤존슨(JNJ US)은 세계에서 손꼽히는 헬스케어 기업으로, 미국증시 시가총액 톱10 기업 중 하나(2020년 4월 14일 종가 기준 약 400조 원)다. 마이크로소프트와 함께 AAA(트리플A) 신용등급을 가진 단 2개 기업 중 하나이기도 하다.

특히 바이오 헬스케어 기업 중 가장 이상적인 매출 포트폴리오를 갖췄다는 점에 주목할 만하다. 항암제 등 제약(53%)의 매출비중이 가장 크지만 동시에 세계적인 의료기기 생산기업이기도 하고(매출비중 30%), 존슨즈베이비로션, 뉴트로지나 등 일반 소비자를 대상으로 하는 제품군(매출비중 17%)도 탄탄해 비즈니스 구조가 안정적이다. 게다가 50년 이상 배당을 늘려온 배당왕 기업이기도 하다. 2020년 4월 14일 실적발표에서도 코로나19 사태에도 불구하고 배당 6% 증가를 발표하며 모두를 놀라게 했다.

이는 수십 년간 임상실험 및 판매 경험을 쌓아온 제약 분야의 공이 크다. 특히 건선 치료제 스텔라라(Stelara)와 혈액암 치료제 임브루비카(Imbruvica)가 유럽에서 적응증을 추가로 획득해 치료 적용

범위가 더 넓어짐에 따라 2018년 매출 5조 원이었던 임브루비카는 2024년 11조 원의 매출을 낼 것으로 전망되고, 스텔라라 역시 2018년 매출 6조 원에서 2024년 9조 원대까지 성장할 것으로 예상된다. 이처럼 핵심 의약품 및 메가 블록버스터 의약품의 매출 증가로 존슨앤존슨은 갑작스러운 바이러스 사태에 흔들리지 않을 수 있었고, 앞으로도 변함없이 성장할 것으로 필자는 예상한다.

존슨앤존슨의 가장 놀라운 점은 1년 매출(약 100조 원)의 13%를 R&D에 투자한다는 사실이다. 존슨앤존슨을 글로벌 헬스케어 대표

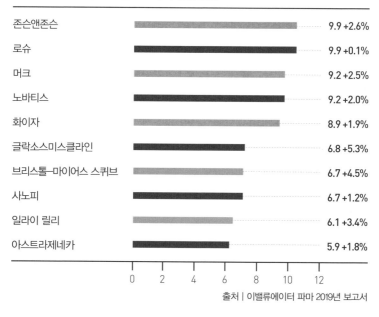

〈글로벌 제약기업의 2024년 R&D 투자비중(예상)〉

기업	값
존슨앤존슨	9.9 +2.6%
로슈	9.9 +0.1%
머크	9.2 +2.5%
노바티스	9.2 +2.0%
화이자	8.9 +1.9%
글락소스미스클라인	6.8 +5.3%
브리스톨-마이어스 스퀴브	6.7 +4.5%
사노피	6.7 +1.2%
일라이 릴리	6.1 +3.4%
아스트라제네카	5.9 +1.8%

출처 | 이밸류에이터 파마 2019년 보고서

기업으로 자리매김하게 만든 힘이라 하겠다. 미래 성장을 위해 아낌없이 투자하고, 50년 이상 배당을 늘리며, 현금을 다량 보유하고 우량한 재무 건전성을 갖췄기에 전 세계에서 딱 2개 기업에만 부여하는 AAA 신용등급을 받을 수 있었던 것이다.

물론 앞서 언급한 것처럼 글로벌 의료기기(정형외과, 수술)나 소비자 제품 분야에서 선두를 달리고 있다는 점도 빼놓을 수 없다. 혹시나 발생할 수 있는 제약 임상 실패 리스크, 특허만료로 인한 경쟁사 바이오시밀러 등장 리스크 등도 상쇄 가능하다는 뜻이다. 아울러 뉴트로지나, 존슨즈베이비로션 등의 소비자 제품 부문도 흔들림 없이 안정적인 수익을 낼 것으로 전망된다. 미국을 비롯한 글로벌 헬스케어에 투자하고 싶다면 단연코 염두에 두어야 할 필수 기업이다.

글로벌 의료기기 대표기업, 애보트 래브러토리

의료기기 분야에서는 미국업체들이 글로벌 시장을 선도하고 있다 해도 과언이 아니다. 앞서 소개한 존슨앤존슨뿐 아니라 다수의 미국기업이 수술 및 의료기기 시장에서 활발히 활동하고 있다. 그 중심에 애보트 래브러토리(ABT US)가 있다. 글로벌 최대 의료기기 업체로, 체외진단 장비의 끝판왕이라 해도 손색이 없다.

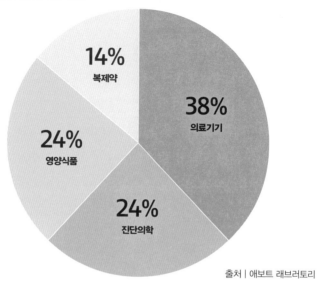

〈애보트 래브러토리 매출비중〉

14%
복제약

38%
의료기기

24%
영양식품

24%
진단의학

출처 | 애보트 래브러토리

　핵심부문은 의료기기 분야로, 글로벌 매출 1위다. 연속혈당측정기 브랜드인 '프리스타일 리브르(FreeStyle Libre)'와 최소침습 심혈관 제품인 '미트라클립(MitraClip)'을 생산하며, 심혈관, 신경계, 혈관계통에 이르기까지 다양한 의료기기 제품 라인업을 갖추고 있다. 2019년 기준 시가총액은 약 170조 원, 매출은 약 40조 원이다.

　의료기기만 매출을 내는 것이 아니다. 위의 도표를 보면 의료기기 매출은 38% 정도이며, 진단의학 24%, 영양식품 24%, 바이오시밀러 14%로 매출 다각화를 이룬 것을 확인할 수 있다.

　애보트 래브러토리는 2020년 현재 전 세계 제약 매출 1위인 '휴

미라'를 만든 '애브비'의 모기업이기도 하다(애브비는 애보트 래브러 토리의 신약개발 부문이었다가 2013년 1월 분리됐다). 또한 2017년에는 '세인트주드메디컬'과 '앨리어'를 차례로 인수해 성장동력을 확보했는데, 세인트주드메디컬은 현재 의료기기 사업부의 핵심이 되는 제품군을 개발하고 있으며 앨리어는 신속 진단(Rapid Diagnostics) 업체였던 강점을 살려 애보트 래브러토리의 성장동력 역할을 하고 있다.

최근 전 세계적으로 비만 및 당뇨병이 증가하면서 애보트 래브러 토리의 당뇨관리 사업도 급성장하고 있다. 글로벌 기준으로 연속혈

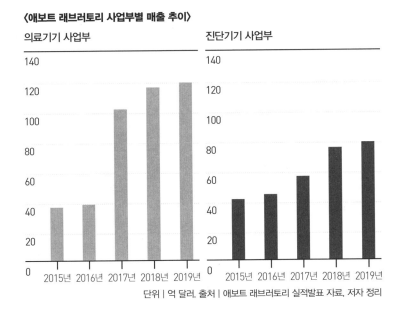

〈애보트 래브러토리 사업부별 매출 추이〉

단위 | 억 달러. 출처 | 애보트 래브러토리 실적발표 자료, 저자 정리

당측정기 사용자 140만 명을 확보했으며, 혈당수치 알람 기능이 보강된 신제품을 유럽에 출시했고 2019년 하반기에는 미국에도 출시해 매출이 상승하고 있다. 특히 유럽에서 매출 성장세가 높은 앨리니티(Alinity, 자동화 진단기기)와 최소침습 심혈관 제품인 미트라클립이 미국 FDA 승인을 받으면서 향후 성장 가능성도 높게 점쳐진다.

수술로봇 글로벌 1위, 인튜이티브 서지컬

인튜이티브 서지컬(Intuitive Surgical, ISRG US)의 기업명을 직역하면 '직관적인 수술'이다. 참으로 건조한 이름이지만, 이만큼 이 기업의 정체성을 잘 드러내는 이름도 없다.

인튜이티브 서지컬은 수술용 로봇 제조 글로벌 1위 기업이다. 기업 이름이 조금 생소하게 느껴질 수 있지만, 우리나라에서도 연세대학교 세브란스 병원을 필두로 아산병원, 가톨릭병원 등에서 심혈관 수술이나 갑상선 수술에 이 기업의 수술용 로봇인 '다빈치'를 활용하고 있다. 필자의 어머니 또한 2005년에 다빈치로 갑상산암 수술을 받으신 경험이 있다. 혹시 갑상선 병동에 간다면 벽에 붙은 포스터를 살펴보자. '로봇으로 갑상선 수술 받으세요'라는 인튜이티브 서지컬 포스터를 발견할 수 있을 것이다.

다빈치의 제조사는 미국기업이지만 2000년까지만 해도 미국에서는 인지도도 없었고 사용되지도 않았다. 사람의 목숨이 걸린 수술에 로봇을 쓸 수 없다는 이유였고, 검증된 수술 데이터나 성공사례가 당시에는 전무했기 때문이다. 하지만 인튜이티브 서지컬이 의료 분야에서 선두를 달리고 있는 우리나라 의사들에게 제품을 꾸준히 세일즈한 결과 한국 병원에서 다빈치를 이용한 수술이 시행되기 시작했다.

그 후 인튜이티브 서지컬 경영진, 그리고 전 세계를 놀라게 한 사건이 벌어진다. 연세 세브란스 병원에서 2005년 세계 최초로 겨드랑이를 통한 갑상선 수술법을 개발한 것이다. 덕분에 다빈치는 대당 250만 달러(약 28억 원)를 호가하는데도 불구하고 2019년에만 5200여 대가 판매됐고, 2019년 연말 기준 수술용 로봇 글로벌 시장 점유율 35.4%를 차지했다. 다빈치를 이용한 수술은 500만 건을 돌파했고, 다빈치를 이용한 수술이 전 세계에서 36초마다 한 번씩 시행되고 있다는 발표가 나기도 했다.

다빈치는 의료계뿐 아니라 투자자들도 주목할 이유가 충분하다. 기업 이익 면에서 현금창출 능력이 탁월하다는 장점 때문이다. 다빈치는 평균 10회 수술 이후에는 팔과 감속기, 기타 부품 등을 지속적으로 교체해야 한다. 이때 발생하는 교체비용 및 정기적인 교육비용, A/S비용이 전체 매출의 약 50%에 이른다.

인튜이티브 서지컬은 유럽시장에서도 두각을 드러내고 있다. 얼마 전 EU의 판매 승인을 받았으며, 기존 모델 대비 약 60만 달러(6

억 원) 정도 저렴한 '다빈치X'를 유럽 노령인구 수술시장에 진출시키기도 했다. 또한 2020년에 '다빈치SP 1098'이 출시될 예정이어서, 기술력 및 기업가치를 한 단계 도약시키는 계기가 될 것으로 보인다.

마지막으로 꼽을 중요한 성장 포인트는 바로 '운용 리스'다. 오늘날은 넷플릭스나 유튜브, 아마존 클라우드처럼 매월 돈을 내고 서비스를 이용하는 '구독(subscription) 시대'다. 인튜이티브 서지컬 또한 가격장벽 때문에 진입을 망설였던 신규고객을 위해 월별 결제 시스템을 도입해 부담을 낮추기로 했다. 그 결과 2018년 1분기 말 194대였던 운용 리스 설치 대수가 4분기 말에는 520대로 160% 성장했고, 매출액 또한 2018년 1분기 약 950만 달러에서 2019년 4분기 말 약 3500만 달러로 350% 이상 뛰었다.

앞으로 로봇 수술은 더욱 확대될 것이다. 노령인구가 증가하고, 섬세한 조작이 필요한 뇌혈관·심혈관·각종 암 수술이 늘어나는 상황에서 이 시장은 커질 수밖에 없다. 의료기기 시장에서 성장세가 확실한 기업을 찾는다면 인튜이티브 서지컬에 주목하자.

밀레니얼이
투자한 해외주식
- 테슬라, 비욘드미트

투자테마 6

'밀레니얼 세대'는 1980년대 초반부터 1990년대 중반 또는 2000년대 초반까지 출생한 세대, 그중에서도 주로 1981~96년생까지를 가리킨다. 전 세계 25억 명, 전체 소비시장의 30%를 차지하며, 연간 지출액만 2조 4000억 달러(약 2800조 원)에 이르는 소비 핵심 계층이다.

주식시장에서도 이들의 활약이 돋보인다. 투자자로서의 밀레니얼은 애플, 아마존, 테슬라, 페이스북, 마이크로소프트, 넷플릭스, 스타벅스, 존슨앤존슨, 우버 등 실생활과 밀접한 기업이나 4차 산업혁명의 주축인 테크놀로지 기업에 주로 투자한다.

이들은 직접 체험해본 제품이나 기술을 보유한 기업을 선호하고,

〈밀레니얼 투자자가 선호하는 기업 톱 28〉

1	애플	13.5%
2	아마존	11.2%
3	테슬라	5.8%
4	페이스북	4.3%
5	마이크로소프트	3.7%
6	버크셔해서웨이	3.1%
7	디즈니	3%
8	넷플릭스	2.6%
9	어드밴스드 마이크로 디바이시스	2.6%
10	알리바바그룹	2.5%
11	엔비디아	2%
12	알파벳C(GOOG)	2%
13	알파벳A(GOOGL)	1.8%
14	AT&T	1.8%
15	비자	1.7%
16	뱅크오브아메리카	1.4%
17	보잉	1.3%
18	제너럴 일렉트릭	0.9%
19	쇼피파이	0.9%
20	코스트코	0.9%
21	스퀘어	0.9%
22	스타벅스	0.8%
23	마스터카드	0.8%
24	인텔	0.8%
25	포드	0.8%
26	로쿠	0.8%
27	존슨앤존슨	0.7%
28	우버	0.7%

출처 | 에이펙스, 평균 나이 31세의 미국 국민이 보유한 약 73만 계좌의
포트폴리오를 분석한 결과 / 2019년 12월 31일 종가 기준

설령 그 기업(주식)이 투자 측면에서 변동성이 클지라도 공격적이고 적극적인 투자 성향을 보인다. 쉽게 말해 기업이 적자거나 매출변동이 크다 해도 소위 말하는 '핫'한 주식이라면 선뜻 투자한다는 것이다.

이 같은 밀레니얼의 투자 리스트와 투자성향을 이해한다면, 리스크는 있으나 최근 트렌드에 부합하는 기업을 알 수 있다. 이번에 살펴볼 기업들이 그 주인공이다.

전기차 대표업체, 테슬라

'내연기관의 종말, 전기차 시장 최강자, 컨슈머리포트 최초 102점 달성.'

'최초'와 '최고'라는 수식어를 몰고 다니는 기업, 바로 테슬라(TSLA US)다. 우리나라에서도 이제 테슬라 모델3를 볼 수 있을 정도로 널리 알려져 있다. 실제로 필자도 테슬라 자동차를 직접 본 고객들에게서 테슬라 주식을 사고 싶다는 문의를 많이 받았다.

테슬라 주식은 최근까지 논란이 많았다. 늘 적자라는 점도 한몫했고, CEO인 엘론 머스크가 워낙 괴짜라 SNS에 파격적인 의견을 내놓거나 기자회견에서도 특이한 언행을 보여 미국 증권거래 위원회의 제재를 받기도 했기 때문이다(주가 폭락을 야기한 적도 있었다).

아마 몽상가적인 그의 이미지가 의구심을 불러일으키기도 했을 것이다.

하지만 테슬라의 몽상은 이제 현실이 되고 있다. 최근 중저가 모델인 모델3가 성공하면서 처음으로 흑자 전환에 성공해 향후 성장 가능성에 이목이 쏠리고 있다. 그동안 테슬라를 부정적으로 바라보던 월가의 글로벌 IB들도 긍정적인 의견을 내놓기 시작해, 2020년 4월 골드만삭스도 테슬라 분석을 재개하면서 '매수' 의견을 제시

〈테슬라 차량 인도 대수〉

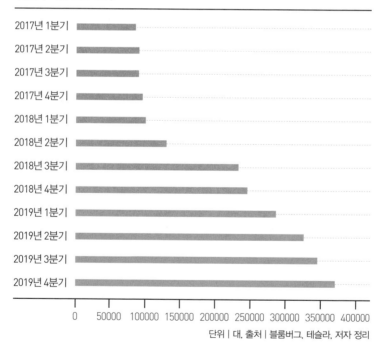

단위 | 대, 출처 | 블룸버그, 테슬라, 저자 정리

했다. 골드만삭스의 애널리스트 마크 딜레이니는 "전기차 시장에서 테슬라 제품이 주도적이라는 점이 긍정적"이라며 전기차 시장이 "장기적으로 대세 성장할 것"이라고 전망했다. 또한 선두주자로서의 이점과 브랜드 인지도, 수직계열화를 강점으로 꼽았으며, 핵심인 SUV와 크로스오버 시장에서의 모델Y 출시 등을 성장 견인 요소로 들었다.

전기차 시대는 아직 멀었다는 말을 비웃기라도 하듯, 그 시대는 이미 우리 앞에 와 있다. 내연기관차와 전기차의 가격차가 나지 않는다면 소비자들은 유지비가 저렴한 전기차를 택하게 될 것이다. 이미 우리나라에서도 모델3가 달리고 있는 것처럼 말이다.

테슬라는 전기차 관련 기술력과 충전 인프라가 충분하다. 특히 친환경에도 관심이 높아 환경파괴의 원인이 되는 니켈, 수은, 망간 등의 재료를 쓰지 않는 것으로 유명하다. 배터리 기술도 더욱 발전하면서 배터리 온도조절시스템부터 차량 무게, 주행거리 효율성에서도 압도적인 우위를 선점하고 있다.

충전소 인프라도 가장 많이 확충해, 2020년 현재 전 세계 1870개의 슈퍼차저(Supercharger) 충전소에 1만 6585개의 충전기를 보유하고 있다. 이미 미국에서는 어디서나 큰 불편 없이 충전할 수 있는 환경이다.

또 하나, 테슬라의 가치평가에서 빠질 수 없는 것이 바로 '자율주행기술'이다. 주행 중 사고가 일어난 것은 사실이나, 사고율과 오차

율은 업계에서 가장 낮은 수준이다. 테슬라는 여전히 완벽한 자율주행을 구현하기 위해 실험을 거듭하고 있으며, 현재는 자체 자율주행 기능인 '오토파일럿(Auto Pilot)'을 모든 테슬라 차량에 장착해 실시간으로 데이터를 수집하고 있어 안전성 완성도를 더욱 높일 것으로 보인다. 2019년 말 기준 구글 웨이모보다 100배 많은 주행 데이터를 보유하고 있다는 점이 이를 뒷받침한다.

최근 코로나19 사태로 차 구매가 늘었다는 뉴스가 나오기도 했다. 다른 사람과의 접촉 없이 안전하고 자유로운 이동수단을 찾는 소비자가 늘어난 것이다. 이에 따라 전기차 수요도 늘 것으로 예상되는데, 당장 전기차를 수요만큼 납품할 수 있는 기업이 어디인지 생각해보자. 테슬라는 리먼 사태 당시 미국의 도요타 공장 부지를 헐값에 인수해 테슬라 제조공장을 세웠고, 몇 년 전에는 네바다에 가장 고도화된 생산공장이라 평가받는 '기가팩토리(GigaFactory)'를 만들기도 했다. 이 기가팩토리에서 연간 50만 대의 모델3를 포함해 전체 64만 대 차량이 생산될 예정이다. 다국적 투자은행인 크레딧스위스의 애널리스트는 2025년까지 테슬라가 연평균 120만 대를 생산·판매할 수 있을 것이라며 매수 의견 커버리지를 시작하기도 했다.

중국시장에서의 성장도 주목할 만하다. 테슬라는 몇 년 전 중국 상해에 제조공장을 세우면서 중국 전기차 시장의 성장 가능성에 베팅했다. 중국 경제금융 전문매체 〈차이신〉에 따르면 2020년 3월한 달간 테슬라의 중국 현지 출고는 1만 160대로, 전달과 비교해 2배 이상 증가했다고 한다.

이처럼 테슬라는 미래 전기차 시장을 선도하면서 꾸준히 성장할 것으로 보인다. 사이버트럭, 모델X 등 다양한 제품이 기대되는 것은 물론이다. 밀레니얼 세대들이 주목한 기업, 테슬라의 가능성에 투자해보자.

대체육의 선두주자, 비욘드미트

2009년 설립된 비욘드미트(BYND US)는 동물과 환경을 보호하기 위한 스타트업으로 출발했는데, 설립 후 마이크로소프트 창업자인 빌 게이츠, 미국 대표 육가공 업체인 타이슨푸드에서 투자할 정도로 큰 관심을 끌었다. KFC와 맥도날드, 서브웨이 등에서도 비욘드미트의 대체육을 넣은 메뉴를 선보였는데, 특히 KFC가 출시한 비욘드 프라이드 치킨은 5시간 만에 매진되었으며 팝콘 치킨 판매량은 1주일 치가 일찌감치 동나는 등 선풍적인 인기를 끌었다. 2018년 1월부터는 TGIF의 비욘드 치즈버거를 시작으로 A&W, 델 타코, 서브웨이, 스타벅스 등 유명 브랜드와 거래하고 있으며, 아마존의 무인점포인 '아마존 고(AmazonGo)'를 비롯해 5만 8000개 이상의 식당, 식료품 마트, 호텔, 대학 등에서 제품을 판매하면서 미국 대

〈식물성 고기 글로벌 시장 규모〉

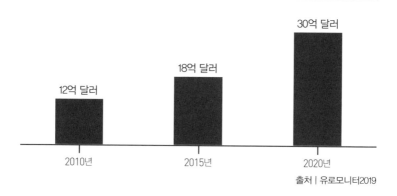

출처 | 유로모니터2019

채식품 시장의 선두주자로 자리매김했다.

비욘드미트의 고기는 그동안 주로 활용됐던 '콩고기'와 달리, 식물성 단백질을 추출한 뒤 섬유질과 효모 등 여러 식물성 원료와 혼합한 덕에 실제 고기와 굉장히 흡사한 맛을 낸다. 코코넛 오일로 고기 육즙까지 재현해 품질이 우수하다. 앞서 언급한 것처럼 빌 게이츠 등 유명인사들이 투자를 결정했을 정도로 시장에서도 인정받고 있다.

비욘드미트의 주가는 2019년 5월 미국증시 상장 당시에는 70달러 정도였으나, 7월에는 약 240달러까지 급상승하며 공모가(25달러) 대비 10배 수준까지 오르기도 했다. 이후 보호 예수 만료로 인한 매도물량 출회가 지속되면서 2020년 4월 14일 종가 기준으로 약 78달러까지 조정받은 상태다. 그러나 같은 시기 우리나라 예탁결제원 기준으로 거래 상위권에 등장하며 우리나라에서도 핫한 주식으로 떠오른 바 있다. 2020년 현재 시가총액은 6~7조 원 수준이고, 2020년 예상 매출액은 약 6000억 원 정도다.

채식이 세계적인 트렌드로 떠오르면서 비건 레스토랑, 비건 베이커리 등도 속속 등장하고 있고, 완전한 채식주의자를 뜻하는 비건, 고기와 계란은 먹지 않고 유제품은 섭취하는 락토 베지테리언, 육류와 생선은 먹지 않지만 달걀과 유제품은 먹는 락토 오보 베지테리언 등 채식주의자의 부류도 다양해졌다. 그만큼 대체육에 대한 수요가 늘어날 것은 당연하다. 이러한 흐름을 고려했을 때, 비욘드미트의 성장세는 앞으로 더욱 두드러질 것이다.

전 팀장이 선택한
해외주식 숨은 맛집
– 어도비, MSCI, LVMH그룹

투자테마 7

필자가 해외주식 비즈니스를 업으로 삼으면서 늘 느끼는 것은, 대우그룹 고 김우중 회장의 말에 빗대면 '세상은 넓고 좋은 주식은 많다'는 것이었다. 초강대국인 미국증시에는 글로벌 1위 기업이 즐비하고 중국, 홍콩, 일본, 독일, 영국, 프랑스에서 베트남, 인도네시아까지 나라마다 훌륭한 기업이 너무나 많다. 더 놀랐던 것은, 전문가인 필자조차 생활에서 늘 접해 익숙하게 여겼던 기업들에 미처 투자할 생각을 못할 때가 많았다는 사실이다.

이번에는 이렇게 익숙하거나 한 번은 들어봤던 기업이지만 투자할 생각은 못했던 기업들을 소개하려 한다. 숨겨진 맛집을 찾아가는 기분으로 따라와 주시면 좋겠다.

클라우드 비즈니스와 디자인업계의 최강자, 어도비

5G 시대, 이제 유튜브와 넷플릭스를 보지 않는 사람을 찾기 어려울 정도가 되었다. 필자도 스트리밍 서비스를 구독해 시간 날 때마다 동영상을 시청하고 있다. 게다가 코로나19로 전 세계인들의 '집콕'이 시작되면서 수요는 더욱 늘어나는 중이다.

그뿐이 아니다. '어떤 유튜버가 1년에 얼마를 벌더라'는 기사가 쏟아지고 공중파에도 유튜버들이 진출하면서 학생 직장인 할 것 없이 '나도 유튜버가 되고 싶다'는 말이 나오고 있다. 콘텐츠를 받아들이기만 하는 수준을 넘어 이제는 내 콘텐츠를 직접 제작하려는 욕구가 강해졌다는 의미다. 직장인 브이로그가 인기인 것만 보아도 알 수 있다.

이 흐름을 타고 수혜를 보는 기업이 바로 어도비(ADBE US)다. 2020년 4월 14일 종가 기준 시가총액 약 165조 원, 2019년 매출 약 15조 원인 이 기업은 포토샵, 일러스트레이터, 아크로뱃리더(PDF) 그리고 동영상 편집 프로그램 프리미어 등을 제공한다.

여기까지 읽었다면 왜 어도비가 '숨은 맛집'인지 알아차렸을 것이다. 우리가 일상적으로 사용하는 PDF나 포토샵을 만드는 어도비는 디자인 소프트웨어의 끝판왕, 디지털 디자인계의 기준이자 표준이다. 특히 최근 유튜버들을 겨냥해 출시한 '프리미어 러시(Premier Rush)'는 초보자도 쉽게 동영상을 편집할 수 있어 각광받고 있다.

한 가지 더, 예전에는 소프트웨어를 CD로 판매했지만 이제는 온라인에서 결제해 구독 형식으로 사용하도록 하고 있다. 이처럼 비즈니스 모델을 전환한 덕분에 코로나19 사태에도 리테일 산업보다 영향이 적을 것으로 전망된다.

어도비의 투자 포인트는 사진과 영상 등 디자인 편집에만 그치지 않는다. 빅데이터 분석을 통한 핀포인트 마케팅이 강조되면서 아마존을 비롯한 여러 업체들이 빅데이터를 이용한 디지털 마케팅에 초점을 맞추기 시작했다. 어도비도 마찬가지다. 2009년 마케팅 분석 비즈니스를 시작해 현재는 글로벌 시장점유율 1위를 지키고 있으며, 디지털 마케팅 사업을 맡은 '크리에이티브 클라우드(Creative Cloud)' 사업부 매출이 어도비 전체 매출의 절반 이상을 차지할 정도로 성장했다. 나머지 30%는 마케팅 및 분석 솔루션 사업부, 13%

〈어도비 일봉차트〉

출처 | KB증권 MTS / 2020년 4월 24일 종가 기준

는 PDF가 속한 도큐먼트 클라우드(Document Cloud) 사업부다.

코로나19 사태로 소프트웨어 및 클라우드 기업들에 관심이 쏠리는 상황에서 어도비의 이 같은 사업구조는 더욱 매력적이다. 재택근무 장기화로 디지털 및 클라우드 소프트웨어 활용도가 높아지면서 자연스레 어도비의 기업가치 또한 우상향할 가능성이 크기 때문이다. 또한 현재 활성화되고 있는 전자상거래 분야에서도 어도비 제품군을 많이 사용하니 수혜를 기대해볼 만하다.

글로벌 패시브 운용의 수혜자, MSCI

"이머징지수 리밸런싱으로 한국증시의 변동성이 예상된다."

얼마 전 우리나라를 떠들썩하게 했던 뉴스다. 글로벌 대표지수이자 한국증시가 포함돼 있는 MSCI 이머징지수가 중국증시 편입 비중을 늘리기로 결정하면서 자연스레 한국주식에 대한 우려로 이어진 것이다. 실제로 한국증시 비중이 낮아져 한국지수의 일부 매도가 진행됐고 한국증시가 흔들리기도 했다.

MSCI란 게 대체 뭘까? 모건 스탠리 캐피털 인터내셔널(Morgan Stanley Capital International)로, 글로벌 대표 IB인 모건 스탠리에서 분사한 자회사이자 이곳에서 발표하는 글로벌 대표지수다. 대다수 증권사에서는 MSCI(MSCI US)를 미국주식 추천주로 제시하는 경우가 드문데, 증권사로서는 너무 익숙하다 보니 오히려 관심을 덜 갖는 것 아닌가 싶다. 하지만 아마존과 알파벳이 그렇듯, 플랫폼을 제공하는 기업의 성장 가능성은 무궁무진하므로 MSCI에 주목할 이유는 충분하다.

MSCI는 다양한 투자 인덱스와 분석용 툴을 제공하는 인덱스 분야 선도기업이다. 일반 공모펀드 투자설명서에서도 '해당 펀드의 벤치마크 지수인 MSCI ○○지수를 추종하고 이 지수 대비 ○% 아웃퍼폼(초과이익)을 달성했다'는 표현을 흔히 볼 수 있다. 이처럼 개인투자자들이 쉽게 투자할 수 있는 펀드들은 보통 비교대상을 놓고 추종하게끔 설계하는데, 여기에 단골로 쓰이는 대표지수가 바로 MSCI다.

MSCI는 펀드 평가를 위한 벤치마크 지수, 투자 가능한 인덱스, 포트폴리오 성과평가, 리스크 관리 서비스 등을 제공하고 보수를 받아 매출을 낸다. 특히 필자는 전 세계 투자 트렌드의 중심에 ETF가 있다는 데 주목하고 있다. ETF가 커질수록 벤치마크나 인덱스 사용 빈도가 높아지기 때문이다. 실제로 최근 미국증시 변동성의 주원인도 ETF 자금이었다는 이야기가 나올 정도로, 최근 글로벌 투자의 흐름은 ETF가 잡고 있다 해도 과언이 아니다. 이처럼 개별 종목 투자보다는 ETF를 통한 분산투자가 활발해지면서 자연스레 벤치마크 지수와 인덱스를 제공하는 MSCI의 매출 성장세도 두드러지고 있다.

〈MSCI 일봉차트〉

위 일봉차트를 보면 매출과 EPS(주당순이익) 등 여러 재무지표에
서 꾸준한 성장세를 확인할 수 있다. 공장을 짓고 생산라인을 깔아
야 하는 제조업과 달리 MSCI의 비즈니스는 저비용 고효율 고마진
의 집약형 매출구조이기 때문에 리스크도 덜하다. 특히 매출의 약
96%가 순환매출(recurring revenue: 1년마다 순환적으로 다시 발생하는
수익)이라는 것이 큰 장점이다. 넷플릭스 구독자는 통장이 빈약해
졌다 싶으면 구독을 해지하지만, MSCI의 인덱스 수수료는 지수가
하락하건 오르건 계속 유지해야 하므로 사실상 타격이 거의 없다.
지역별 및 전략형(스마트베타, 섹터, ESG, 테마형) 인덱스를 제공해주
고 꾸준히 라이선싱 수수료를 받는데, 2019년 4분기 영업이익률이
무려 51%나 되었던 데에는 인덱스 수수료의 공이 컸다.

현재 MSCI 인덱스를 벤치마크 또는 기초자산으로 삼는 금융상품

고객은 전 세계 약 7500개 기관에 이르며, 85개국 이상에서 사용하고 있다. 규모 또한 17조 달러가량으로, 2020년 1분기 기준 세계 923개 주식형 ETF의 인덱스를 제공한다.

전문가들은 현재 약 6000조 원 규모인 글로벌 ETF 시장이 매년 약 18.6%씩 성장할 것으로 내다보고 있다. 특히 종목 위주로 초과성과를 추구하는 '액티브 자산운용'에서 ETF나 인덱스 같은 시장 수익률을 추구하는 '패시브 투자'로 투자의 패러다임이 변화하고 글로벌 자산배분 투자 트렌드가 강화되면서 인덱스(지수)를 이용한 펀드 및 ETF, 금융상품 투자는 계속 성장할 전망이다. 말하자면 MSCI는 사두면 꾸준한 매출성장과 훌륭한 수익률로 보답하는 '숨겨진 맛집' 종목이다.

전 세계 패시브 시장, 그리고 ETF시장이 커질수록 수혜를 보는 것은 MSCI다. 고민하지 말자.

럭셔리 명품주에 투자하자, LVMH그룹

에르메스, 샤넬, 루이비통, 구찌… 남녀노소 불문하고 선망하는 명품 브랜드다. 특히 루이비통으로 유명한 프랑스 기업 LVMH (Louis Vuitton Moet Hennessy, MC FP)는 글로벌 1위 명품기업으로, 1987년 코냑 및 샴페인 제조사인 모엣 헤네시와 루이비통이 합병

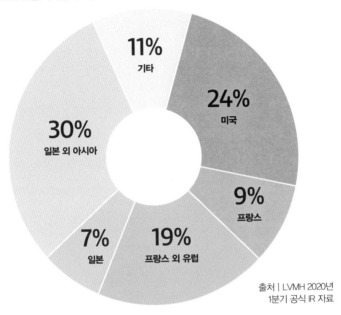

〈LVMH 2019년 국가별 수익〉

11%
기타

24%
미국

30%
일본 외 아시아

9%
프랑스

7%
일본

19%
프랑스 외 유럽

출처 | LVMH 2020년
1분기 공식 IR 자료

하면서 현재의 이름으로 재탄생했다. 2020년 1분기 기준 61개 명품 브랜드를 소유하고 있는데, 루이비통부터 펜디, 디올, 마크 제이콥스, 셀린, 불가리 등 모두 이름만 대면 알 만한 브랜드들이다.

매출구조를 살펴보자. 지역별로는 아시아가 37%로 가장 많고, 유럽 28%, 그 뒤로 미국 및 기타 지역에서 골고루 매출이 나고 있다. 비즈니스 분야별로는 패션·명품 가죽 제품이 41%, 셀렉티브 리테일링 및 기타가 28%, 향수와 화장품 13% 등이다.

LVMH의 투자 포인트는 단순하고도 강력하다. 우리나라에서도 밀레니얼의 명품 소비가 늘고 있고, 다른 소비를 줄여서라도 명품 하나쯤은 장만하고 싶다는 소비자를 흔히 찾아볼 수 있다. 중국을 필두로 한 범아시아 지역의 구매력이 상승하고 있다는 것도 중요한 포인트다.

명품 소비가 전 세계적으로 늘어나는 데다, 코로나19 국면이 완화되면 '보복성 소비'가 다시 시작되면서 LVMH의 매출도 더욱 상승할 것이다. 게다가 샤넬을 비롯한 명품 브랜드 제품은 기본적으로 매년 가격이 오르는데, 물건 가격만 오르는 것이 아니라 물가도

〈LVMH 2019년 비즈니스 분야별 수익〉

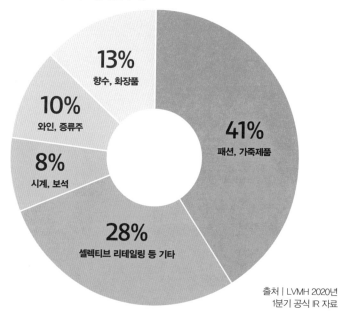

13%
향수, 화장품

10%
와인, 증류주

8%
시계, 보석

41%
패션, 가죽제품

28%
셀렉티브 리테일링 등 기타

출처 | LVMH 2020년
1분기 공식 IR 자료

〈LVMH 10년 월봉 차트〉

매년 상승한다는 점도 생각해보자.

　LVMH의 차트를 보면 지난 10년간 꾸준히 주가가 상승한 것을 확인할 수 있다. 이제는 제품뿐 아니라 주식에도 눈을 돌려보자. 전문가들도 자녀에게 물려주고 싶은 주식, 코로나19 같은 단기악재로 하락했을 때 사놓고 묻어두고 싶은 주식으로 LVMH를 꼽는다.

　주의할 점은, 아직 유럽주식은 거래 수요가 많지 않아 대다수 증권사들이 전화주문으로만 처리한다는 것이다. 하지만 KB증권을 비롯한 몇몇 증권사에서는 계좌에서 유로화로 먼저 환전한 후 본사 해외주식 부서에 전화해 유럽주식을 매매하는 서비스를 제공하니 참고하면 좋다.

글로벌 ETF
① 안전자산, 자산배분, 정기 배당의 인컴형 ETF

투자테마 8

많은 투자자들이 다양한 자산과 상품으로 포트폴리오를 꾸리는 데 어려움을 겪는다. 그때마다 필자는 딱 한 말씀만 드린다.

"그냥 ETF로 투자하시면 됩니다."

ETF는 'Exchange Traded Fund'의 약자로, 인덱스 펀드를 상장시켜 주식처럼 거래할 수 있도록 만든 상품이다. 그 안에 모든 기초자산을 다 넣어 투자할 수 있기 때문에 위험도가 훨씬 낮다. 지니의 램프처럼 '원하는 모든 것을 담을 수 있는 마법의 투자도구'로 불리는 이유다. 투자하고 싶은 자산군이 있다면 얼마든지 투자할 대안이 있다. 게다가 투자자들이 개별 주식을 고르는 수고를 하지 않아도 되고, 언제든지 원하는 가격에 매매할 수 있다는 점에서 펀드 투자와 주식투자의 장점을 모두 지녔다 하겠다.

　글로벌 ETF와 국내 ETF 해외펀드의 차이점 및 공통점을 정리해 보면 다음과 같다.

〈ETF와 타 상품 비교〉

구분	글로벌 ETF	국내 ETF(해외 관련)	해외펀드(역내펀드)
투자 타이밍	주식처럼 시장 가격을 참고해 매매가격과 투자시점을 직접 결정함		미래의 펀드 순자산 가치에 따라 설정/해지하는 방법으로 투자하여 매매가격을 모르는 상태에서 의사결정
투명성	ETF의 투자종목과 투자비중을 실시간 확인 가능		2개월 전 포트폴리오 내역만 공시 의무 있음
환노출/ 헤지	해당 국가 통화로 환전해 거래하므로 환위험 노출	보통 해외 관련 국내 ETF의 경우 환헤지를 하지 않으므로 환위험 노출	펀드 종류 중 환헤지 클래스 선택 시 환헤지 가능
보수 (비용)	일반 펀드 대비 매우 낮은 수준 (통상 1% 미만)		운용보수와 판매보수가 모두 부과되며, 통상 2% 이상 (A클래스의 경우)
간접비용	시장에서 형성되는 매수/매도 호가 차이에 의한 시장충격 비용 발생 (거래량 많은 ETF를 거래하면 절감 가능)		의사결정 시점과 실제 매매시점이 일치하지 않아 기회비용 발생
세금	매매차익에 대해 양도소득세 22% 징수 양도소득세 기본공제는 연 250만 원 적용	자본이득과 배당소득에 대해 14%(주민세 별도) 원천징수 후 금융소득에 따라 종합과세 합산(최고세율 41.8%, 주민세 포함)	자본이득과 배당소득에 대해 14%(주민세 별도) 원천징수 후 금융소득에 따라 종합과세 합산(최고세율 42%, 주민세 미포함) 환노출형의 경우 환차익에 대해서도 소득세 부과

출처 | KB증권, 저자 정리

ETF의 메인 시장은 역시 미국으로, 현재 글로벌 ETF 시장의 70% 이상을 점유하고 있다. 투자자 입장에서는 투자 대안이 다양하다는 점, 분기 또는 월별 배당을 받을 수 있다는 점, 미국달러로 환전해 투자할 수 있다는 점 등을 장점으로 꼽을 수 있다. 이번 장에서는 정기적 배당과 안정성이 매력인 ETF를 하나씩 살펴보겠다.

아이셰어즈 골드 트러스트

최고의 안전자산은 금(gold)이다. 금에 투자하는 방법은 여러 가지지만, 가장 효율적인 투자는 IAU 투자라고 강조하고 싶다.

아이셰어즈 골드 트러스트(iShares Gold Trust, IAU)는 세계 1위 운용사 블랙록의 ETF 회사인 아이셰어즈에서 운용한다. 2020년 4월 1일 종가 기준 ETF 자산총액은 약 23조 원이며, 연간 운용보수는 0.25% 수준이다.

사실 금을 추종하는 현물 ETF 중에서는 GLD(SPDR Gold Shares)가 IAU보다 먼저다. 하지만 운용보수가 연 0.40%로 IAU에 비해 0.15%가량 비싸기 때문에 최근에는 IAU를 선호하는 투자자들이 더 많다. 또한 IAU는 롤오버 비용이 발생하는 선물 추종 ETF와 달리 금 현물을 추종하고 투자하기 때문에, 별도의 롤오버 비용이 없고 가장 효율적으로 금 가격을 추종할 수 있다는 장점이 돋보인다.

필자는 고객들의 포트폴리오를 구성할 때 주식 등 위험자산과 함께 IAU 같은 안전자산을 반드시 편입시킨다. 증시가 하락할 때 금 등의 안전자산이 헤지 기능을 해 손실을 줄여주는 효자종목이 되기 때문이다. 특히 코로나19 악재에 맞서 각 나라 중앙은행에서 금리인하 및 양적완화로 유동성을 공급한다면 금과 같은 실물자산의 가격이 오를 것이라는 전문가들의 의견도 힘을 얻고 있다. 금 투자를 바라본다면 고민하지 말고 IAU를 선택하자.

아이셰어즈 코어 모더레이트 얼로케이션 ETF

"투자금도 적은데 한 군데 몰빵해야지 무슨 자산배분입니까?"

상담을 하다 보면 종종 듣는 말이다. 하지만 '몰빵'한다고 해서 투자결과가 극대화되는 것은 아니다. 오히려 그 반대다.

거액자산가들이 돈을 잃지 않는 이유는 단순히 돈이 많아서가 아니다. 항상 리스크를 대비해 분산투자를 하기 때문이다. 이 법칙은 투자금이 적건 많건 마찬가지다. 흔히 생각하는 주식투자처럼 며칠 만에 몇 배의 단타수익을 얻고 싶다거나 며칠 간의 상한가에 모든 것을 거는 투기성 투자는 당장 멈춰야 한다.

소액으로도 자산을 효과적으로 배분하고 싶다면 어떻게 해야 할까? 아이셰어즈 코어 모더레이트 얼로케이션 ETF(iShares Core

Moderate Allocation ETF, AOM US)가 좋은 대안이다. 이 상품은 이름에서도 알 수 있듯 중립형(moderate) 자산배분(allocation)을 실행한다. 다소 보수적인 전략을 구사해 주식 30%, 채권 70% 비율로 포트폴리오를 분산한다. 2020년 4월 1일 종가 기준 자산총액은 약 1조 4000억 원이며 연간 운용보수는 0.25% 수준이고, 시가배당률은 세전 연 2.95%로 분기마다 달러로 배당을 지급한다.

이 상품은 재간접 ETF로, 개별 종목이나 채권 등을 직접 투자해서 담는 ETF와 달리 아이셰어즈에서 운용 중인 자산별 ETF 약 7~8개에 분산투자한다.

오른쪽 표에서 볼 수 있듯, IVV는 한국 코스피를 추종하는 KODEX200처럼 미국의 S&P500지수를 추종하는 인덱스 ETF다. IDEV는 선진국 증시를 추종하는 대표 ETF이며, 가장 큰 비중을 차지하는 IUSB는 미국 국채, 회사채, MBS, 모기지 등에 분산투자하는 대표적인 채권형 ETF다. 앞서 말했듯 채권 비중이 약 70%로, 나머지 위험자산인 주식형 자산조차 개별주식이 아닌 미국증시 인덱스, 선진국 증시 인덱스로 분산한 만큼 리스크 분산능력이 탁월하다.

물론 안정성을 추구하는 만큼 상승기에 눈에 띄는 우상향을 기대하기는 힘들다. 하지만 하락기에 상대적으로 하락폭이 크지 않으며, 개별종목이나 지수보다 방어능력이 뛰어나다. 투자 성향이 보수적이거나 중립형이거나 혹은 증시 변동성이 있는 상황에서 투자해야 한다면 이 ETF를 고려해보자.

⟨AOM 보유 ETF 톱7⟩

티커	종목	자산유형	자산유형	비중	보유금액(USD)
IUSB	아이셰어즈 코어 토털 USD 본드 마켓 (ISHARES CORE TOTAL USD BOND MARKET)	USD 표시 글로벌 회사채	채권	54.88%	595,788,900.00
IVV	아이셰어즈 코어 S&P ETF (ISHARES CORE S&P ETF)	미국 S&P500 지수	주식	16.69%	595,788,900.00
IDEV	아이셰어즈 코어 MSCI INT 디벨롭티드 ETF (ISHARES CORE MSCI INT DEVELELOPED ETF)	선진국 지수	주식	13.05%	595,788,900.00
AGG	아이셰어즈 코어 인텔 어그리게이트 본드 ETF (iShares core Intl Aggregate Bond ETF)	국채, 회사채, ABS 등 복합채권	채권	9.54%	103,577,555.07
IEMG	아이셰어즈 코어 MSCI 이머징 마켓 (ISHARES CORE MSCI EMERGING MARKETS)	신흥국 지수	주식	3.68%	39,966,067.56
IJH	아이셰어즈 코어 S&P 미드캡 ETF (ISHARES CORE S&P MID-CAP ETF)	미국 미드캡 지수	주식	1.11%	12,045,110.08
XTSLA	BLK CSH FND 트레저리 SL 에이전시 (BLK CSH FND TREASURY SL AGENCY)	현금 및 파생	기타	0.49%	5,336,000.00
IJR	아이셰어즈 코어 S&P 스몰캡 ETF(ISHARES CORE S&P SMALL-CAP ETF)	미국 스몰캡 지수	주식	0.46%	5,031,047.04
USD	US 달러	현금	현금	0.10%	1,038,036.28

출처 | 아이셰어즈 AOM ETF 홈페이지

아이셰어즈 20+ 이어 트레저리 본드 ETF

이번에 소개할 ETF는 아이셰어즈 20+ 이어 트레저리 본드 ETF (iShares 20+ Year Treasury Bond ETF, TLT US)다. 마찬가지로 1위 운용사인 블랙록에서 운용하는데, 자산총액은 180억 달러(약 21조 원), 2020년 3월 31일 종가 기준 시가배당률 약 1.88%이며, 운용보수는 연 0.15% 수준으로 상당히 저렴한 편이다. (운용보수는 ETF NAV(순자산가치)에 녹아 있어 별도로 수취하지 않는다.)

이 ETF는 미국 최고의 안전자산인 미국채권을 담는데, 그중에서도 20년 이상 장기국채를 분산해 추종한다. 보통 미국 국채에 직접 투자하려면 대다수 증권사들이 기본 몇 백만 원에서 몇 천만 원 단위로 중개해주기 때문에 자금이 필요하다. 하지만 TLT라면 소액투자자들도 1주 단위로 미국 국채 투자가 가능하다.

TLT는 40여 개나 되는 미국 장기국채에 분산투자한다. 보통 미국 국채 이자는 6개월에 한 번씩 받을 수 있으나, TLT로 투자하면 매월 달러로 배당을 지급받는다. 또한 만기가 가장 긴 채권들로 구성되어 있어 채권금리 변동에 민감하다. 금리인상 시기에는 ETF 가격손실에 유의해야 하지만, 시장변동이나 악재가 예상될 때는 유용한 헤지수단이 될 수 있다.

〈TLT 톱10 자산〉

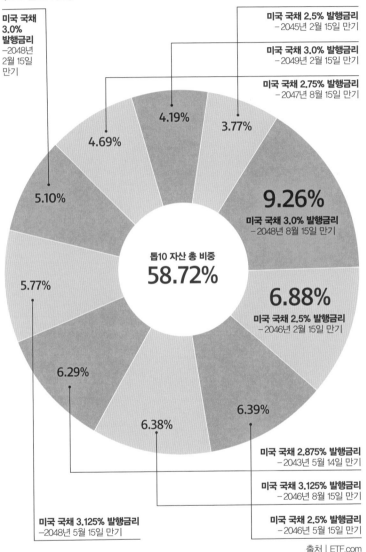

미국 국채 3.0% 발행금리
-2048년 2월 15일 만기

미국 국채 2.5% 발행금리
-2045년 2월 15일 만기

미국 국채 3.0% 발행금리
-2049년 2월 15일 만기

미국 국채 2.75% 발행금리
-2047년 8월 15일 만기

4.19%

3.77%

4.69%

5.10%

9.26%
미국 국채 3.0% 발행금리
-2048년 8월 15일 만기

톱10 자산 총 비중
58.72%

5.77%

6.88%
미국 국채 2.5% 발행금리
-2046년 2월 15일 만기

6.29%

6.38%

6.39%

미국 국채 2.875% 발행금리
-2043년 5월 14일 만기

미국 국채 3.125% 발행금리
-2046년 8월 15일 만기

미국 국채 3.125% 발행금리
-2048년 5월 15일 만기

미국 국채 2.5% 발행금리
-2046년 5월 15일 만기

출처 | ETF.com

아이셰어즈 아이박스 USD 인베스트먼트 그레이드 커포레이트 본드 ETF

이번 ETF(iShares iBoxx USD Investment Grade Corporate Bond ETF, LQD US) 역시 블랙록에서 운용하는데, 미국달러로 발행된 미국의 IG 채권에 분산투자한다. IG 등급은 BBB- 이상의 우량신용등급을 가진 투자적격등급 채권을 가리키는데, 개인들도 이 ETF에 투자함으로써 누구나 탐내는 마이크로소프트, 애플, 아마존 등 글로벌 대표 회사채 2000여 개에 분산투자할 수 있다.

해당 ETF의 자산총액은 약 390억 달러(42조 원)이며, 운용보수는 연간 0.15%, 2020년 3월 31일 종가 기준 시가배당률은 세전 연 3.32%다. TLT와 마찬가지로 매월 달러로 배당을 지급한다.

현재 톱10 채권은 블랙록, GE캐피털, CVS헬스, 글로벌 1위 맥주 회사인 앤호이저부시, 골드만삭스, 뱅크오브아메리카, 마이크로소프트 등이다. 개별적으로는 소액투자가 어렵지만, LQD로 투자한다면 글로벌 대표기업 채권에 1주 단위로도 투자가 가능하다.

인베스코 프리퍼드 ETF

인베스코 프리퍼드 ETF(Invesco Preferred ETF, PGX US)는 거액 자산가와 배당투자자들이 특히 좋아하는 ETF다. 이 상품은 미국의

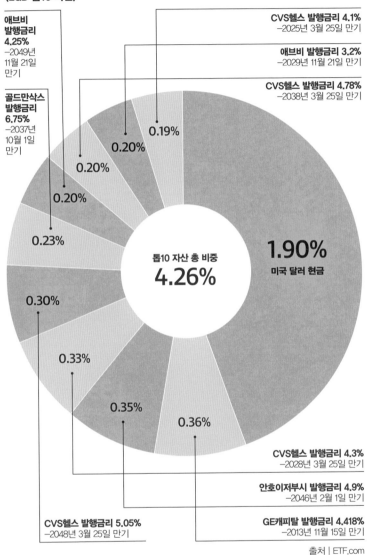

〈LQD 톱10 자산〉

애브비 발행금리 4.25% −2049년 11월 21일 만기

골드만삭스 발행금리 6.75% −2037년 10월 1일 만기

CVS헬스 발행금리 4.1% −2025년 3월 25일 만기

애브비 발행금리 3.2% −2029년 11월 21일 만기

CVS헬스 발행금리 4.78% −2038년 3월 25일 만기

0.19%

0.20%

0.20%

0.20%

0.23%

0.30%

0.33%

0.35%

0.36%

톱10 자산 총 비중 **4.26%**

1.90% 미국 달러 현금

CVS헬스 발행금리 4.3% −2028년 3월 25일 만기

안호이저부시 발행금리 4.9% −2046년 2월 1일 만기

GE캐피탈 발행금리 4.418% −2013년 11월 15일 만기

CVS헬스 발행금리 5.05% −2048년 3월 25일 만기

출처 | ETF.com

〈PGX 톱8 자산〉

웰스파고 우선주

뱅크오브아메리카 우선주

JP모건 우선주

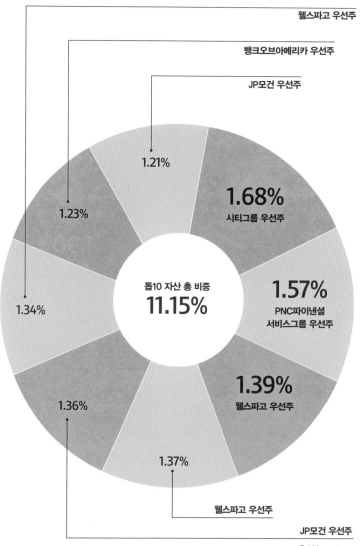

1.21%

1.68%
시티그룹 우선주

1.23%

1.57%
PNC파이낸셜
서비스그룹 우선주

1.34%

톱10 자산 총 비중
11.15%

1.39%
웰스파고 우선주

1.36%

1.37%

웰스파고 우선주

JP모건 우선주

출처 | ETF.com

우선주 약 200~300개에 분산투자하는데, 우선주는 의결권이 없는 대신 보통주 주주보다 배당을 먼저 받거나 더 많이 받을 수 있다. 그런데 미국 우선주는 한국 우선주와 다르게 만기가 정해져 있고, 발행 시 금리도 고정된 경우가 많아 채권과 비슷하다. 하지만 우선주 기업이 파산했을 경우 후순위 채권자에 변제순위가 밀리기 때문에 기본적으로 금리 자체가 높다.

파산 위험이 큰 기업이 우선주를 발행한다면 아무도 사려 하지 않을 것이다. 실제로 우선주는 미국의 우량한 글로벌 투자은행 기업들이 재무건전성을 높이기 위해 많이 발행한다. 해당 ETF 또한 미국의 유명하거나 우량한 은행, 보험, 증권사의 우선주에 투자하는데, 시티그룹, 웰스파고, JP모건, 뱅크오브아메리카 등 289종목을 분산해 담고 있다. 2019년 4월 1일 종가 기준 자산총액은 약 5조~6조 원, 연 운용보수는 0.52%, 시가배당률은 세전 연 6.16%이며 매월 달러로 배당을 지급한다. 주식과 채권의 중간 개념이면서 배당수익률이 비교적 높고 주가변동률이 낮아 투자 강점이 뚜렷하다.

글로벌 X 나스닥 100 커버드 콜 ETF

새로운 인컴 ETF의 선두주자로 떠오른 나스닥 커버드 콜 ETF (Global X NASDAQ 100 Covered Call ETF, QYLD US)는 시가배당률

세전 연 12%, 월지급식 달러 배당 등이 강점으로 꼽힌다.

'커버드 콜'이란 주가지수를 매수하고 동시에 콜 매도를 통해 프리미엄을 수취하는 전략으로, 변동성을 낮추며 하방을 방어해 안정성을 높이고, 크게 상승하지는 않아도 비교적 높은 배당을 확보하는 인컴형 전략이다. 해당 ETF는 나스닥지수를 매수하고 해당 기초지수의 콜 옵션을 매도해 프리미엄을 수취한 후 이 프리미엄을 매월 투자자에게 배당수익으로 지급한다.

커버드 콜 ETF의 또 다른 특징은 낮은 변동성이다. 기본적으로 증시가 하락할 때는 함께 하락하지만, 상승기에는 제자리에 머무르는 경우가 많다. 하지만 해당 ETF는 하락기에 덜 하락하고, 상승기에는 기초지수보다 덜 상승한다는 특성이 있다.

상승 기대감을 약간만 낮춘다면 매월 꾸준한 배당으로 소위 '덜먹고 덜 빠지며' 인컴을 챙기는 투자가 가능한 셈이다. 나스닥지수 ETF인 QQQ와 나스닥 커버드 콜 ETF인 QYLD를 함께 매수한다면 리스크를 낮추면서 꾸준한 투자가 가능할 것으로 예상된다.

나스닥 커버드 콜 ETF의 자산총액은 2020년 4월 1일 종가 기준 약 9000억 원이며, 운용보수는 연 0.60%다. 시가배당률은 코로나19 사태로 나스닥지수가 하락해 12.11%를 기록 중이고, 매달 달러로 배당을 지급한다. 얼마 전 한국의 미래에셋자산운용이 인수한 글로벌 X가 운용하고 있다.

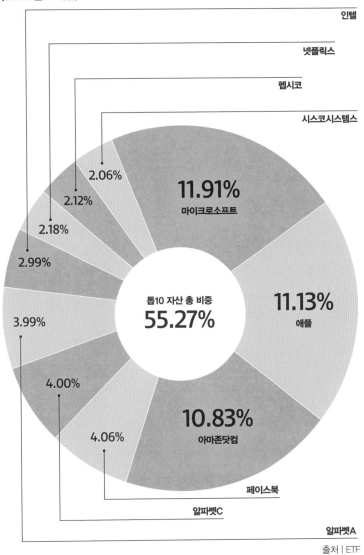

〈QYLD 톱10 자산〉

인텔

넷플릭스

펩시코

시스코시스템스

11.91%
마이크로소프트

2.06%

2.12%

2.18%

2.99%

3.99%

톱10 자산 총 비중
55.27%

11.13%
애플

4.00%

4.06%

10.83%
아마존닷컴

페이스북

알파벳C

알파벳A

출처 | ETF

글로벌 ETF
② 화제성과 성장성이 돋보이는 테마형 주식

투자테마 9

테크놀로지 셀렉트 섹터 SPDR ETF

테크놀로지 셀렉트 섹터 SPDR ETF(Technology Select Sector SPDR ETF, XLK US)는 마이크로소프트, 애플, 비자, 어도비, 시스코 시스템스 등 미국을 이끄는 4차 산업혁명 대표종목에 투자하는 ETF다. S&P500지수 종목 내 기술주에 투자하며, 금융과 통신 연계 기업은 편입하지 않는다. 앞으로 빅데이터, 인공지능, 사물인터넷, 가상현실 등의 성장 가능성이 크게 점쳐지고 있는데, 이 같은 기업들만 모았다고 보면 된다.

이들 주식을 1주만 사려고 해도 상당한 금액이 필요하지만 해당

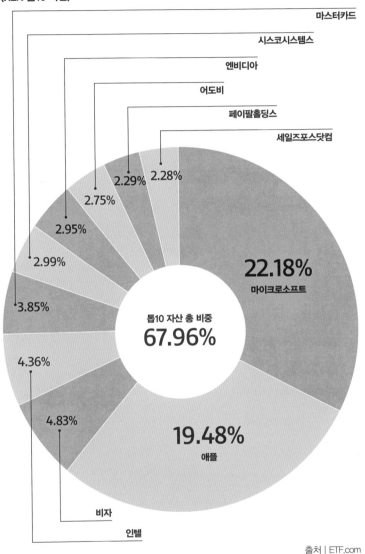

〈XLK 톱10 자산〉

마스터카드

시스코시스템스

엔비디아

어도비

페이팔홀딩스

세일즈포스닷컴

2.29% 2.28%

2.75%

2.95%

2.99%

3.85%

톱10 자산 총 비중
67.96%

22.18%
마이크로소프트

4.36%

4.83%

19.48%
애플

비자

인텔

ETF라면 투자금 걱정을 덜 수 있다. 또한 다른 ETF 대비 운용보수가 낮고(연 0.13%), 한 종목에만 투자하는 것이 아니라 기술주 섹터에 분산투자한다는 점이 장점으로 꼽힌다.

자산 비중에서는 클라우드와 스트리밍, 글로벌 결제 부문의 대장주 격인 마이크로소프트와 애플, 비자가 1~3위를 차지하고 인텔, 마스터카드, 시스코시스템스, 엔비디아 등이 뒤를 잇고 있다. 2020년 4월 1일 종가 기준 자산총액은 약 26조 원이며, 72개 종목에 분산투자한다. 시가배당률은 세전 연 1.55%로 분기마다 배당을 지급한다.

▌아이셰어즈 PHLX 세미컨덕터 ETF ▌

이 ETF(iShares PHLX Semiconductor ETF, SOXX US)는 미국증시에 상장된 기업 중 필라델피아 반도체 지수에 편입된 메모리·비 메모리 반도체, 반도체 장비 기업 약 32개 종목에 분산투자한다. 4차산업혁명에 반드시 필요한 것이 바로 반도체인데, 그것에 주목하는 ETF가 바로 이 SOXX다.

자산목록을 보면 GPU 대표 제조사인 엔비디아를 비롯해 휴대폰용 CPU인 AP 제조업체 퀄컴, 애플의 부품 납품업체인 브로드컴, 반도체 장비업체인 램리서치, 대만의 팹리스 업체 TSMC 그리고

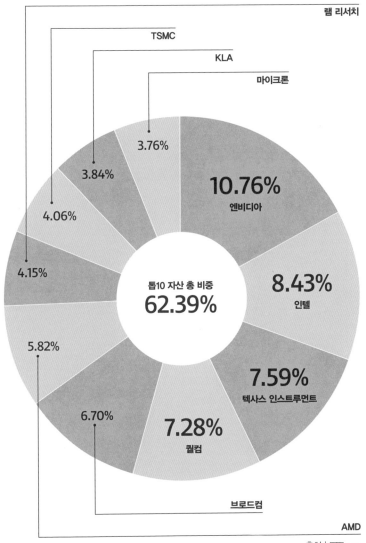

〈SOXX 톱10 자산〉

램 리서치

TSMC

KLA

마이크론

3.76%

3.84%

4.06%

4.15%

10.76%
엔비디아

8.43%
인텔

톱10 자산 총 비중
62.39%

7.59%
텍사스 인스트루먼트

5.82%

6.70%

7.28%
퀄컴

브로드컴

AMD

출처 | ETF.com

글로벌 3위 반도체 메이커인 마이크론 등이 톱10에 이름을 올리고 있다. 톱10 자산은 전체의 62.39%다. 2020년 4월 1일 종가 기준 ETF 자산총액은 약 2조 5000억 원이고, 연간 운용보수는 0.60% 수준이다.

퍼스트 트러스트 클라우드 컴퓨팅 ETF

"데이터는 미래의 원유(Data is future's oil)"라는 표현이 있을 정도로 4차 산업혁명의 중심에는 데이터가 있다. 데이터센터와 클라우드가 바로 그 데이터를 활용하는 곳이다. 퍼스트 트러스트 클라우드 컴퓨팅 ETF(First Trust Cloud Computing ETF, SKYY US)는 클라우드 관련 비즈니스 기업 62개에 분산투자하는 ETF다. 2020년 4월 1일 종가 기준 자산총액은 약 2조 4000억 원이고, 연 운용보수는 0.06% 정도다.

전 세계 클라우드 비즈니스 1위 아마존, 애저(Azure) 클라우드로 글로벌 2위를 달리는 마이크로소프트와 알파벳, 오라클 등 클라우드 비즈니스 대표기업들을 담고 있다. 데이터가 필수인 4차 산업혁명 시대, 미래가 기대되는 ETF 중 하나라 하겠다.

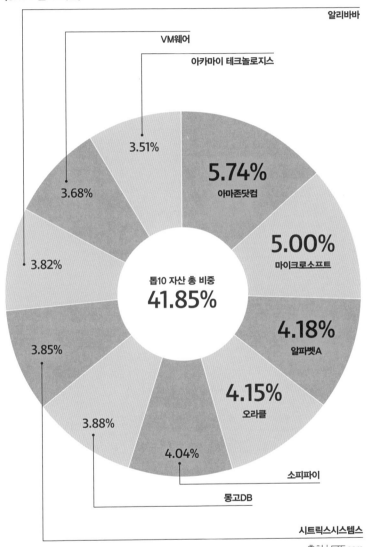

〈SKYY 톱10 자산〉

알리바바

VM웨어

아카마이 테크놀로지스

3.51%

3.68%

5.74%
아마존닷컴

3.82%

5.00%
마이크로소프트

톱10 자산 총 비중
41.85%

4.18%
알파벳A

3.85%

4.15%
오라클

3.88%

4.04%

소피파이

몽고DB

시트릭스시스템스

출처 | ETF.com

크레인셰어즈 CSI 차이나 인터넷 ETF

현재 중국에서는 인터넷과 모바일 기술이 빠르게 발전하고 있으며, 그만큼 실생활에서도 큰 변화가 일어나고 있다. 필자도 중국을 방문했을 때 시장 노점상에서 위안화 현찰을 내려고 했다가 상인이 QR코드를 가리키며 알리페이나 위챗페이로 결제해달라고 한 경험이 있다. 알리바바(BABA US/09988 HK)나 텐센트(00700 HK)를 보면 그 발전속도를 체감할 수 있을 것이다. 중국의 카카오톡인 텐센트의 위챗은 10억 명에 달하는 유저를 확보하고 있어, 중국에서만 쓰이는 서비스인데도 불구하고 모바일 SNS 사용자 수 글로벌 1위를 차지했다.

크레인셰어즈 CSI 차이나 인터넷 ETF(KraneShares CSI China Internet ETF, KWEB US)는 바로 이들 기업에 투자한다. 중국판 배달의민족인 메이투안디앤핑, 중국 전자상거래 기업 징동닷컴(JD. com), 중국의 네이버인 바이두, 중국판 넷플릭스 아이치이(iQIYI) 등 약 47개 종목에 분산투자한다. 해당 ETF 자산총액은 약 2조 5000억 원이며, 연 운용보수는 0.76%다.

앞서 말한 것처럼, 중국은 인구가 많고 기술도 빠르게 발전하고 있기 때문에 성장 가능성이 크게 점쳐지고 있다. 개별 종목 리스크를 줄이고 중국 인터넷 모바일 기업 전체 섹터에 투자하고 싶다면 해당 ETF를 추천한다.

〈KWEB 톱10 자산〉

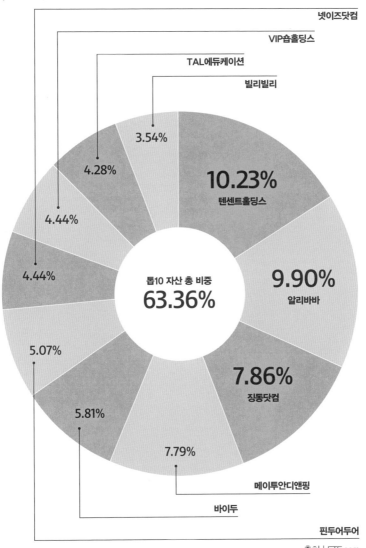

넷이즈닷컴

VIP숍홀딩스

TAL에듀케이션

빌리빌리

3.54%

4.28%

4.44%

4.44%

5.07%

5.81%

7.79%

10.23%
텐센트홀딩스

9.90%
알리바바

7.86%
징동닷컴

톱10 자산 총 비중
63.36%

메이투안디앤핑

바이두

핀두어두어

출처 | ETF.com

아이셰어즈 글로벌 헬스케어 ETF

4차 산업혁명이 도래하면서 가장 유망한 산업으로 꼽히는 것이 바로 실버산업과 바이오 헬스케어 산업이다. 기대수명이 늘어나고 의료기술과 제약바이오가 성장하는 시대, 헬스케어 분야의 발전은 어쩌면 당연한 결과일 것이다. 그렇다면 투자자 입장에서도 이들 기업을 주목해야 하지 않을까?

보통 우리나라 투자자들은 종근당, 셀트리온, 신라젠 등 한국의 제약바이오 기업을 주목하지만, 사실상 적자를 내지 않고 매출이 꾸준히 성장하는 기업은 거의 글로벌 대형 제약사들이다. 하지만 하나하나 조사하고 판단하기 어렵다면 아이셰어즈 글로벌 헬스케어 ETF(iShares Global Healthcare ETF, IXJ US)가 가장 효율적인 투자 수단이 될 것이다.

IXJ는 존슨앤존슨, 머크, 화이자, 노바티스, 로슈홀딩스 등 제약바이오 기업, 유나이티드 헬스그룹 등의 헬스케어·보험 기업, 메드트로닉과 애보트 래브러토리 같은 의료기기 제조기업 등 미국과 유럽의 글로벌 헬스케어 대표종목 106개에 분산투자한다. 하나같이 입증된 기술력과 임상 데이터에 캐시카우까지 갖추고 있어 안정성과 성장성을 동시에 잡을 수 있다. 2020년 4월 1일 종가 기준 약 2조 2000억 원 규모이며, 연 운용보수는 0.46% 수준이다.

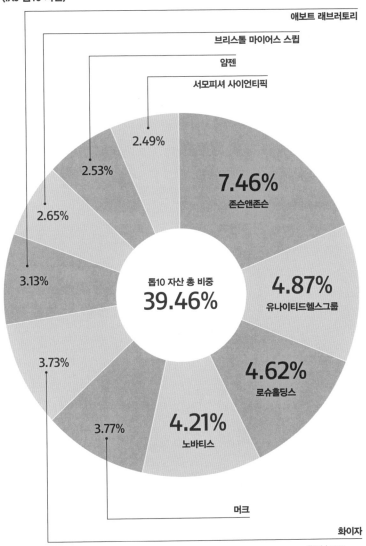

〈IXJ 톱10 자산〉

애보트 래브러토리

브리스톨 마이어스 스큅

암젠

서모피셔 사이언티픽

2.49%

2.53%

2.65%

3.13%

7.46%
존슨앤존슨

톱10 자산 총 비중
39.46%

4.87%
유나이티드헬스그룹

3.73%

4.62%
로슈홀딩스

3.77%

4.21%
노바티스

머크

화이자

출처 | ETF.com

아이셰어즈 US 메디컬 디바이시스 ETF

코로나19 사태가 터지면서 미국 민주당이 약가인하 공약을 제시하자 전문가들은 의료 섹터가 어느 정도 리스크를 안을 수밖에 없다는 전망을 내놓았다. 하지만 이와 관계없이 꾸준히 안정적인 성장성과 수익률을 보장하는 섹터가 있다. 바로 미국 의료기기 분야로, 여기에 투자하는 대표적인 ETF가 아이셰어즈 US 메디컬 디바이시스 ETF(iShares U.S. Medical Devices ETF, IHI US)다.

아래 차트를 보자. 지난 5년간 맨 위 초록색 IHI는 139. 47%의 수익률을 기록했고, 보라색 나스닥지수는 83.06%, 파란색 S&P500지수는 39.57%, 분홍색 IXJ ETF는 35.46% 수익률을 보였다. 개별 지수인 나스닥이나 S&P500지수보다 성과가 월등히 높고, 헬스케어

〈IHI, S&P500지수, 나스닥지수, IXJ 성과 비교 차트〉

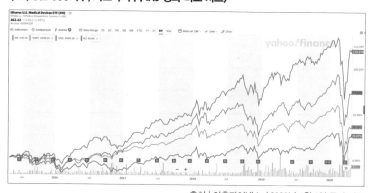

출처 | 야후파이낸스 / 2020년 4월 2일 종가 기준

〈IHI 톱10 자산〉

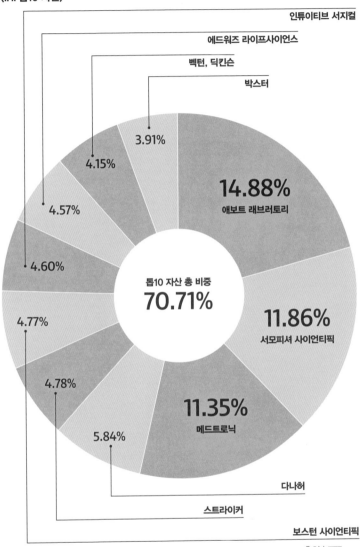

인튜이티브 서지컬

에드워즈 라이프사이언스

벡턴, 딕킨슨

박스터

3.91%

4.15%

14.88%
애보트 래브러토리

4.57%

4.60%

톱10 자산 총 비중
70.71%

11.86%
서모피셔 사이언티픽

4.77%

4.78%

11.35%
메드트로닉

5.84%

다나허

스트라이커

보스턴 사이언티픽

출처 | ETF.com

ETF인 IXJ보다도 성과가 좋다. 이처럼 미국 의료기기 업체들은 성장성과 수익률을 겸비했고, 리스크에도 영향이 낮다는 것을 알 수 있다.

2020년 4월 2일 종가 기준 자산총액은 약 4조 7000억 원, 연 운용보수는 0.43%다. 애보트 래브러토리, 메드트로닉, 인튜이티브 서지컬, 보스턴 사이언티픽, 스트라이커, 박스터 인터내셔널 등 미국의 대표 의료기기 기업 43곳에 분산투자한다. 체외진단, 심혈관, 관절, 수술용 로봇 등 기술 진입장벽이 높아 후발주자들이 쉽게 따라잡을 수 없는 분야 기업이 대다수다.

병은 사람 손에 맡겨야 안심이라는 시대를 지나, 인튜이티브 서지컬의 로봇 다빈치가 갑상선 수술을 하고, 메드트로닉과 애보트 래브러토리의 혈당 기계가 단숨에 당뇨병을 진단해주는 시대가 되었다. 제약바이오와 헬스케어뿐 아니라 의료기기의 발전에도 주목해야 하는 이유다.

SPDR S&P 에어로스페이스&디펜스 ETF

SPDR S&P 에어로스페이스&디펜스 ETF(SPDR S&P Aerospace &Defense ETF, XAR US)는 최첨단 무기를 만드는 미국의 국방 및 항공 기업에 분산투자하는 ETF다. 필자는 기본적으로 업황을 타는 기업에만 투자하는 것은 위험하다고 강조하고 싶다. 개인투자자 입장에서 포트폴리오를 짠다면 더욱 그렇다. 이 업종의 사이클 어디가 고점이고 어디가 저점인지 알기 어렵기 때문이다. 자칫 잘못해서 사이클을 반대로 탄다면 투자 내내 엄청난 스트레스에 시달릴 것이 뻔하다.

하지만 XAR은 그럴 위험이 없다. 미국 국방 항공기업의 장점은 미국 국방부의 꾸준한 발주, 세계 동맹국들의 변함없는 무기수요에 있다. 2020년 미국 국방예산만 800조 원이 넘는다는 사실이 이를 뒷받침한다.

해당 ETF는 유명 무기 제조기업 34곳에 투자하는데, 전 세계 무기 판매 1위인 록히드마틴, 미사일 제조 대표업체 레이시언, 보잉, 노스럽 그러면 등이 XAR 톱10 자산목록에 이름을 올리고 있다. 비슷한 ETF로 ITA US가 있지만 보잉의 비중이 굉장히 높은데, 최근 보잉 여객기 추락사고와 코로나19 사태로 상대적 실적이 좋지 않아 투자하기 알맞은 시기는 아니다.

2020년 4월 2일 종가 기준 자산총액은 약 1조 4000억 원, 운용보수는 연 0.35% 정도다. 업황을 타지 않고 꾸준히 매출을 올리는 한편 주주가치 제고, 배당 성장, 자사주 매입에도 힘을 쏟는 기업들이므로 포트폴리오에 담고 있으면 늘 든든하게 받쳐주는 수익원이 될 것이다.

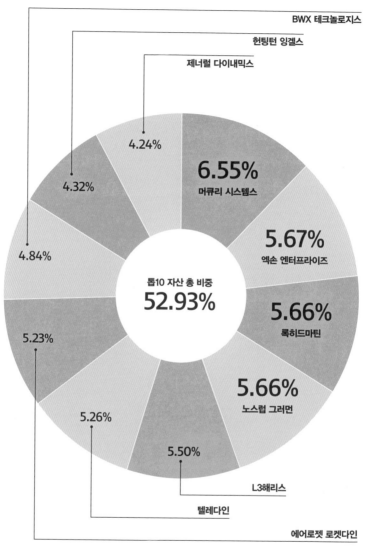

〈XAR 톱10 자산〉

BWX 테크놀로지스
헌팅턴 잉겔스
제너럴 다이내믹스

4.24%
4.32%
4.84%

6.55%
머큐리 시스템스

5.67%
엑손 엔터프라이즈

톱10 자산 총 비중
52.93%

5.66%
록히드마틴

5.66%
노스럽 그러먼

5.23%
5.26%
5.50%

L3해리스
텔레다인
에어로젯 로켓다인

출처 | ETF.com

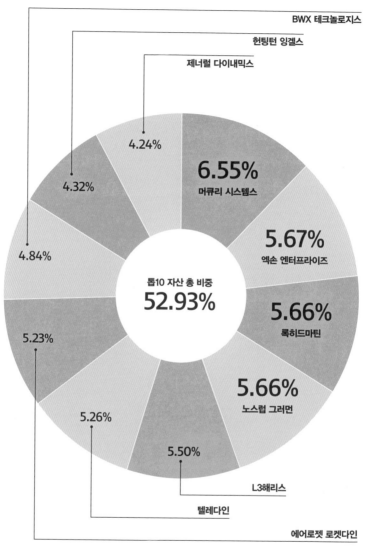

ETFMG 프라임 모바일 페이먼트 ETF

현금 없는 사회(Cashless Society)!

이제 현금보다 신용카드나 모바일 결제에 더욱 익숙한 사회가 되었다. 현금은 안 들고 다닐지언정 카드나 모바일 결제를 쓰지 않는 사람은 없다. 이 같은 트렌드로 수혜를 보는 ETF가 바로 ETFMG 프라임 모바일 페이먼트 ETF(ETFMG Prime Mobile Payments ETF, IPAY US)다.

IPAY는 미국에 상장된 카드사와 결제 인프라, 결제 서비스 그리고 결제 처리 및 솔루션을 제공하는 기업 41곳에 분산투자한다. 2020년 4월 2일 종가 기준 자산총액 약 5000억 원, 연 운용보수는 0.75%다.

자산목록을 살펴보면, 글로벌 결제 1위 기업인 비자를 필두로 아메리칸익스프레스, 마스터카드 등 전통적인 결제 시스템과 카드사를 비롯해 페이팔, 스퀘어, 글로벌 페이먼츠 등 모바일 결제 인프라 및 서비스 업체를 확인할 수 있다.

스마트폰 사용자가 급격하게 늘어나고 온라인 결제가 빠르게 증가하면서 소비자의 경험과 편의, 라이프스타일에 맞춘 간편결제 서비스 수요는 계속 늘어날 것이다. 특히 전자상거래 기업이 두각을 나타내는 상황에서 이들 기업과 함께 갈 수밖에 없는 모바일 결제 관련 기업은 반드시 주목해야 할 투자대상이다.

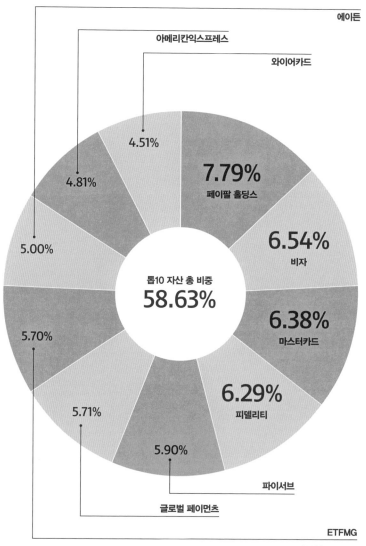

〈IPAY 톱10 자산〉

에이든

아메리칸익스프레스

와이어카드

4.51%

7.79%
페이팔 홀딩스

6.54%
비자

4.81%

5.00%

톱10 자산 총 비중
58.63%

6.38%
마스터카드

6.29%
피델리티

5.70%

5.71%

5.90%

파이서브

글로벌 페이먼츠

ETFMG

출처 | ETF.com

글로벌 X 로보틱스&아티피셜 인텔리전스 ETF

로봇과 인공지능 시대, 관련 기업에 두루 투자할 수는 없을까? 글로벌 X 로보틱스&아티피셜 인텔리전스 ETF(Global X Robotics& Artificial Intelligence ETF, BOTZ US)라면 가능하다.

산업용 로봇 시장규모는 2015년 116억 달러에서 2020년 167억 달러로 성장할 것으로 전문가들은 내다보고 있다. 연간 산업용 로봇 공급량 또한 2016년부터 연평균 15.4%씩 성장해왔으며, 2010년 12만 대에서 2016년 29만 대, 2020년 52만 대 수준으로 확대될 전망이다. 인공지능 분야는 2015년 알파벳의 AI자회사인 딥마인드의 알파고가 이세돌 9단을 꺾으며 화제를 모으기도 했다. 사람들의 관심도 뜨거워서, 알파고가 첫 대국에서 승리를 거둔 당일 알파벳 주가가 5%가량 급등할 정도였다.

그렇다면 로봇 시장, 인공지능 시장에서 비전이 보이는 기업들은 어떤 곳이 있을까? BOTZ의 자산목록을 살펴보면 알 수 있다. AI와 로보틱스 관련 기업 39개에 분산투자하는 ETF로, 2020년 4월 2일 종가 기준 자산총액 약 1조 2000억 원, 연 운용보수는 0.68% 수준이다.

212쪽 도표를 보면 글로벌 GPU 제조업체 1위인 엔비디아, 스위스의 로봇기업 ABB, 일본의 로봇 관련 제조기업 키엔스, 화낙, 미국의 수술용 로봇 1위 기업 인튜이티브 서지컬 등을 확인할 수 있다.

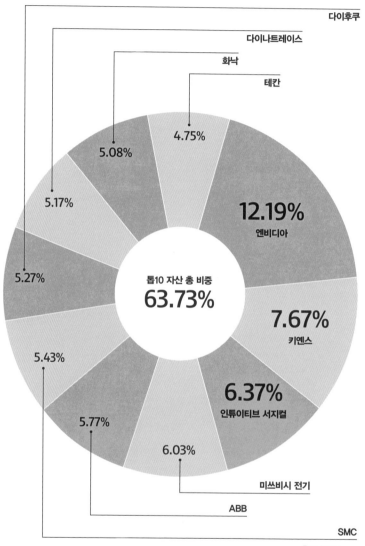

〈BOTZ 톱10 자산〉

다이후쿠

다이나트레이스

화낙

테칸

4.75%

5.08%

5.17%

12.19%
엔비디아

5.27%

톱10 자산 총 비중
63.73%

7.67%
키엔스

5.43%

6.37%
인튜이티브 서지컬

5.77%

6.03%

미쓰비시 전기

ABB

SMC

출처 | ETF.com

글로벌 X 리튬&배터리 테크 ETF

바야흐로 전기차 시대다. 테슬라의 모델S 등장 이후 전기차 시장은 본격적으로 성장 엑셀을 밟기 시작했다. 최근 EU도 2030년까지 완성차 업체들의 평균 CO_2 배출량을 2021년 대비 37.5%까지 감축하자는 목표를 세웠으며, 2025년까지 15% 감축하는 중간 목표치도 도입했다. 중국도 보조금 지급 정책, NEV(New Energy Vehicle) 크레딧 정책을 본격적으로 시행하면서 전기차 시장의 성장세가 가속화될 것으로 보인다.

투자자들도 이미 움직이고 있다. 중저가 차량인 모델3와 함께 테슬라가 흑자로 전환되면서 전기차가 더 이상 뜬구름 잡는 산업이 아니라는 인식이 퍼진 것이다. 전기차 관련 사업에 대한 투자는 계속 늘어날 전망인데, 이 분야 기업에 쉽게 투자할 수 있는 ETF가 바로 글로벌 X 리튬&배터리 테크 ETF(Global X Lithium&Battery Tech ETF, LIT US)다. 배터리 기업부터 전기차 제조 기업까지 다양한 업체에 투자한다.

LIT는 테슬라를 비롯해 중국의 비야디, 일본의 베터리 제조기업 파나소닉, 한국의 대표 전기차 배터리 제조기업인 삼성SDI와 LG화학 등 약 40개 기업에 분산투자한다. 2020년 4월 2일 종가 기준 자산총액은 약 4000억 원, 연 운용보수는 0.75% 수준이다. 전기차 시장에 관심 있는 투자자라면 주목할 만하다.

〈LIT 톱10 자산〉

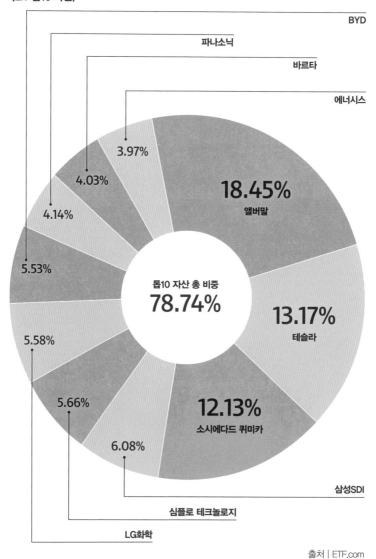

BYD

파나소닉

바르타

에너시스

3.97%

4.03%

4.14%

18.45%
앨버말

5.53%

톱10 자산 총 비중
78.74%

13.17%
테슬라

5.58%

12.13%
소시에다드 퀴미카

5.66%

6.08%

삼성SDI

심플로 테크놀로지

LG화학

출처 | ETF.com

소액으로 건물주 되는 글로벌 리츠
– 프로로지스, 아메리칸타워, 에퀴닉스, 디지털리얼티트러스트

투자테마 10

우리나라 부동산 가격이 계속 오르면서 급기야 강남에 평당 1억 아파트까지 등장하기에 이르렀다. 월급쟁이가 평생 모아도 서울에 아파트 한 채 사기 어려운 시대가 된 것이다. 내 집 구하기도 쉽지 않은데 부동산 투자는 더욱 어려울 것이 뻔하다. 그래서 젊은 세대들은 상대적으로 적은 금액으로 투자할 수 있는 비트코인이나 주식에 몰리고 있다. 건물주를 꿈꾸는 사람은 많지만, 상가, 빌딩, 고급주택, 호텔 등 고가 부동산 투자는 상상조차 하지 못한다.

하지만 개인도 고가 또는 대형 부동산에 투자할 수 있는 방법이 있다. 바로 '상장 리츠(Listed REITs)'를 통해서다.

상장 리츠는 대형 부동산을 유동화해 주식시장에 상장한 것으로,

주식 형태로 매수·매도할 수 있고 만기도 없다. 법인이 오피스 빌딩이나 쇼핑센터, 물류센터 등을 소유하고, 건물 관리로 생긴 임차수익 및 매각차익 등을 주주들에게 '배당'하는 것이다. 때문에 개인투자자들도 리츠 주주가 되면 간접적 건물주가 될 수 있다.

또한 리츠는 수익의 90% 이상을 배당으로 지급하게 되어 있어 배당투자에 가장 적합하다. 미국, 캐나다, 호주, 일본, 싱가포르 등에서는 상장 리츠가 이미 활성화돼 개인투자자들도 포트폴리오에 적극 담고 있다. 특히 미국에서는 401K 퇴직연금 계좌를 통해 7000만 명 이상의 은퇴자들이 상장 리츠 투자로 노후에 대비한다.

해외 상장 리츠의 과세 체계는 매매차익(리츠의 경우 양도소득세)과 배당소득세로 과세되는 점에서 일반적인 해외주식과 동일하다. 하지만 폐쇄형 부동산 사모펀드나 부동산 직접투자와 달리 최소매수금액, 만기·보유 시 관련 세금 등이 없다.

글로벌 리츠 시장은 미국 상장 리츠 시장이 1960년에 가장 먼저 시작되었으며, 오늘날에도 약 1500조 원 이상(2020년 4월 6일 기준)의 시가총액을 기록하며 세계 1위를 지키고 있다. 한국의 코스피, 코스닥을 합친 것과 비슷할 정도로 규모가 크다.

그 외에 캐나다, 호주, 일본, 싱가포르 등도 상장 리츠 시장이 활성화되어 있는데, 여기에서는 섹터가 가장 많고 상장 종목 수도 200여 개로 가장 많은 미국 시장을 중심으로 소개하려 한다. 미국의 섹터별 대표 리츠를 만나보자.

미국 최대 물류센터 리츠, 프로로지스

코로나19 사태가 불러온 변화의 키워드는 바로 '비대면(untact)'
이다. 우리나라에서도 직접 쇼핑 대신 인터넷쇼핑이 늘면서 배송
물량이 엄청나게 늘어난 바 있다.

글로벌 시장도 마찬가지다. 인터넷쇼핑의 핵심인 아마존을 비롯
해 경쟁업체인 월마트, 타깃, 로우스, 코스트코홀세일까지 직접구
매보다 배송구매가 급증하면서 코로나19 사태에 오히려 매출이 늘
고 있다. 아마존과 월마트는 주문과 배송을 처리하기 위해 각각 10
만 명, 15만 명을 추가 채용하기로 했을 정도다. 코로나19 사태가
끝난다 하더라도 전 세계적으로 방역에 대한 관심이 이미 높아진
만큼, 비대면 온라인 구매는 일상 풍경이 될 것으로 보인다.

이커머스 사업에 가장 필요한 것은 무엇일까? 바로 물류센터다.
미국에서는 물류센터 허가까지 기본 3년은 걸리는데, 당장 배송을
해야 하는 업체 입장에서는 비용과 시간이 너무 많이 든다. 때문에
프로로지스(Prologis, PLD US)처럼 물류센터를 확보하고 있는 리츠
를 이용하게 된다.

프로로지스는 2020년 4월 6일 종가 기준 시가총액 69조 원 수준
으로, 202개 미국 상장 리츠 중 3위일 정도로 규모가 크다. 미국뿐
아니라 유럽, 아시아에 걸쳐 물류센터를 포함한 약 3600여 개 산업
용 시설을 보유하고 있다는 것도 강점이다. 아마존을 비롯해 DHL,

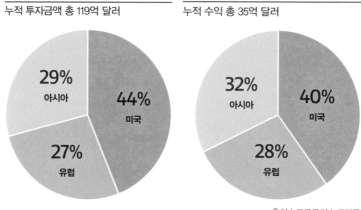

〈프로로지스 지역별 매출 추이〉

누적 투자금액 총 119억 달러

- 29% 아시아
- 44% 미국
- 27% 유럽

누적 수익 총 35억 달러

- 32% 아시아
- 40% 미국
- 28% 유럽

출처 | 프로로지스 IR자료

페덱스, 홈디포 등 굵직한 기업이 주요 임차인이라 안정적이며, 입주율 또한 96.5%에 달해 공실이 거의 없다. 최근에는 해외 매출비중을 더욱 높이는 다각화 전략을 추구하며 성장에 박차를 가하고 있다.

2020년 4월 6일 종가 기준 배당수익률은 세전 연 2.89%이며, 분기마다 달러로 배당을 지급한다. 특히 최근 10년간 해마다 배당금을 올리고 있으니 투자자 입장에서는 눈여겨볼 만하다.

앞서 언급했듯, 이커머스가 급격히 성장하면서 미국 물류시설은 수년째 수요 대비 공급이 부족한 상황이다. 특히 유통 운송 업체들은 교통이 유리한 입지에 물류시설을 확보하는 것이 중요한데, 프로로지스는 연안 지역과 인근에 철도가 있는 곳 중심으로 포트폴리오를 재구성하고 있다. 이처럼 교통 요지에 물류센터를 다수 확보하고 있어 향후 지속적인 임대료 상승을 기대할 수 있고, 이는 프로로지스의 수익과 성장으로 이어질 것이다.

프로로지스는 배당을 계속 늘려왔다는 점에서 배당주라 보기도 하지만, 필자는 아마존, 알파벳과 같은 성장주로 보고 접근하는 방향이 이상적이라 본다. 아마존의 2019년 총 매출이 320조 원에 달하지만, 미국 전체 리테일 소비에 비춰보면 4~5%에 불과하다. 앞으로 이커머스 시장, 그리고 프로로지스 같은 물류센터 리츠가 성장할 가능성이 무궁무진하다는 뜻이다. 이 5%가 50%가 되는 날, 프로로지스가 어디까지 성장할지 기대해 봄직하다.

5G 시대 대표 통신시설 리츠, 아메리칸타워

바야흐로 5세대 이동통신(5G) 시대다. 더 많은 데이터를 더 빨리 전송해주는 기술인 5G는 사물인터넷, 스마트홈, 음성명령, 인공지능, 자율주행, 스트리밍 서비스 등 4차 산업혁명 시대를 활성화시킬 핵심기술이다.

5G가 보편화되고 전 세계인의 일상에 스마트폰이 자리 잡으면서 모바일 데이터 소비가 기하급수적으로 늘기 시작했는데, 이에 따라 자연히 통신시설에 투자하는 리츠도 주목받게 되었다. 미국증시에

도 통신시설 투자 리츠가 다수 상장돼 있는데, 대표종목이 바로 아메리칸타워(American Tower, AMT US)다.

1995년 설립된 아메리칸타워는 2020년 4월 19일 종가 기준 시가총액 110조 원 규모로 성장했다. 현재 미국에만 약 4만 1000개 통신시설이 있으며, 전 세계에 17만 개가 넘는 통신시설을 확보하고 있다.

아메리칸타워의 사업구조는 간단하다. 특정 지역에 통신탑을 세우고, 그 안에 들어가는 통신설비 기기를 고객에게 임대해주는 형태의 임대업 비즈니스다. 한 개의 통신탑에 최대 3개의 임차고객 확보가 가능하기 때문에 수익성도 크다. 방 하나로 3명에게서 월세 수익을 받는 격이다. 통신탑 하나에 임차고객을 한 개만 받았을 때 영업이익률은 40%이지만 2개 고객은 74%, 3개 고객은 83%까지 수익률이 올라간다.

아메리칸타워의 주요 고객사는 버라이즌, AT&T, 스프린트, T-모바일 등 미국 대표 통신사업자들이다. 한국은 KT나 SKT, LG유플러스 등의 통신사들이 직접 통신탑이나 중계기 등을 설치해 인프라를 갖추지만 미국은 워낙 땅이 넓어 통신사가 직접 땅을 매입하고 시설을 짓고 관리까지 하기엔 비용 부담이 너무 크다. 그래서 아메리칸타워처럼 통신시설에 투자하는 리츠가 그 역할을 대신하며, 통신사들은 아메리칸타워의 통신탑을 통해 5G 관련 인프라를 제공하고 있다. 5G 시대 아메리칸타워 등 통신시설 리츠가 더욱 주목받는 이유다. 코로나19 사태로 모바일 트래픽이 급증하면서 주가까지 한층 탄력을 받고 있다.

현재 아메리칸타워의 배당수익률은 1.70%(2020년 4월 17일 종가 기준, 분기배당) 수준으로 높은 편이 아니지만 이는 최근의 단기 주가상승 때문으로 풀이된다. 향후 5G 데이터 폭증과 통신시설의 활성화 및 성장성을 생각한다면 아메리칸타워는 미래를 기대해볼 수 있는 리츠다.

데이터센터 대표 리츠, 에퀴닉스와 디지털리얼티트러스트

아마존과 구글, 마이크로소프트의 공통 핵심사업은 무엇일까?

정답은 바로 '클라우드'다. 클라우드는 아마존의 분기 영업이익 약 75%를 차지하는 사업부이고, 5년 이상 안갯속을 걷던 마이크로소프트를 미국 시가총액 1위 기업으로 거듭나게 한 일등공신이다. 구글 또한 클라우드에 사활을 걸고 있다.

전문가들은 데이터 생성 및 저장 분야는 175ZB(제타바이트), 빅데이터 및 분석 시장은 2조 6000억 달러까지 성장하고, 글로벌 사물인터넷과 인공지능 시장 규모는 각각 1조 달러, 1조 2000억 달러를 뛰어넘을 것으로 예상하고 있다. 클라우드와 데이터센터 수요 또한 자연히 늘어날 전망이다.

특히 기업 차원에서의 수요가 크다. 최근 대기업과 법인들은 급증하는 데이터 비용을 감당하기 어려워 단기에 IT 인프라를 갖출 수 있는 데이터센터 아웃소싱을 선호하기 시작했다. 오는 2027년까지 기업 자체 데이터센터의 80%가 사라질 것이라는 전망까지 나온다. 데이터센터에 투자하는 리츠가 더욱 주목받는 이유다. 이에 따라 해당 리츠들도 공격적인 투자로 성장에 대비하고 있다. 이들이 지난 4년간 M&A에 들인 비용만 2300억 달러에 달할 정도다.

그중에서도 에퀴닉스(Equinix, EQIX US)는 미국 소재 데이터센터 임대 전문 리츠로, 2019년 상반기 기준 미국 87개, 중동·유럽 73개, 아시아-태평양 41개 등 총 200여 개 데이터센터로 임대업을 진행하고 있다. 아마존웹서비스, 마이크로소프트, 버라이즌, AT&T 등 주요 고객사들도 하나같이 거물이다. 최근에는 미국 대표 통신사인 버라이즌의 데이터센터를 인수해 시장을 놀라게 하기도 했다.

2020년 4월 17일 기준 에퀴닉스의 시가총액은 약 62조 원이며, 주가는 1주당 649.95달러(약 70만 원)다. 배당수익률은 세전 1.53%로 분기마다 배당을 지급한다. 삼성SDS와 협력해 마포에 첫 데이터센터를 개소한다고 알려지면서 이목이 집중되기도 했다.

디지털리얼티트러스트(Digital Realty Trust, DLR US)도 미국증시를 대표하는 데이터센터 투자 리츠다. 2004년 미국 주요 IT기업과 실리콘밸리가 있는 샌프란시스코에서 설립돼 현재는 싱가포르, 호주, 일본, 홍콩, 한국 등 전 세계 40여 개 도시에서 215개의 데이터센터를 운영하며 2000개 이상의 임차고객사를 확보하고 있다. 전미 리츠 협회(NAREIT) 회장이 바로 이 디지털리얼티트러스트의 CEO인데, 데이터센터 리츠의 미국 내 위상을 확인할 수 있는 대목이다.

2020년 4월 17일 종가 기준 시가총액은 약 42조 원, 배당수익률은 3.00%(분기배당)이며, 주요 임차인으로는 페이스북, IBM, 오라클, 이퀴닉스, 링크드인, 우버, AT&T 등이 있다. 2019년 7월에는 서울 마포구 상암 DMC에 2만 2000㎡ 이상의 택지를 매입해 10층 규모 데이터센터를 구축하겠다고 발표하기도 했다.

한 가지 팁을 주자면, 클라우드 세계 1위인 아마존닷컴과 데이터센터 리츠를 한데 묶어 투자하는 것도 좋은 방법이다. 이처럼 서로 연관성을 지닌 종목들에 함께 투자한다면 관심 분야나 세계경제 흐름을 파악하는 데에도 도움이 될 것이다.

거대인구가 받쳐주는 중국
– 메이투안디앤핑, 해천미업, 귀주모태주

투자테마 11

    중국에서 시작된 코로나19 바이러스는 전 세계를 공포로 몰아넣었다. 하지만 흥미로운 사실은, 정작 중국증시는 며칠 정도만 하락세를 보였다가 오히려 저점에서 크게 반등했다는 점이다. 정부와 당이 주도하는 중국증시의 특징이다.

    이에 글로벌 IB들도 코로나 사태 이후 폭주할 중국인들의 '보복성 소비'에 주목하고 있다. 중국 또한 최근 금융분야부터 외국기업에 지분을 100% 개방하고, MSCI 이머징지수에 중국증시가 편입되는 등 외국인 투자자들의 자금을 조금씩 흡수하기 시작했다.

    그뿐이 아니다. 코로나19 사태 이전까지 중국기업들이 발표한 분기 실적을 살펴보면 성장률이 기본 두자릿수 이상이다. 전체 실적 및 예상 EPS가 계속 개선되고 있는데, 최근 주가만 잠시 내려가 있는 상태라면 이는 중국주식 매입을 확대할 기회라고 본다.

중국은 우리나라 내수시장에 비해 인구가 몇 십 배에 달한다. 이 인구가 매일 먹고 소비하는 양은 세계시장에서 결코 무시할 수 없는 수요다. 지금부터 이 시장의 대표 1등 종목들을 살펴보자.

중국판 배달의민족, 메이투안디앤핑

코로나19로 이커머스 매출이 급증했다는 사실, 그리고 사태가 진정된 후에도 이커머스의 성장은 계속될 거라는 전망은 앞서 언급한 바 있다. 그렇다면 중국에서 이커머스 성장으로 수혜를 볼 기업, 중국의 배달 앱 1위 기업은 어디일까? 바로 시장점유율 61%에 빛나는 메이투안디앤핑(03690 HK)이다. 2010년 설립된 메이투안과 2003년 설립된 디앤핑이 2015년 합병하면서 설립된 중국 전자상거래 및 배달 앱 기업으로, 식사와 물품 배달을 모두 아우르는 대표 플랫폼이다.

매출 비중은 음식 배달 61%, 음식점 및 여행서비스 예약 33%, 신규사업(ERP, 자전거) 6% 등이다. 핵심사업인 음식 배달뿐 아니라 미국의 옐프(Yelp)처럼 식당에 대한 고객 리뷰도 담당한다. 공동구매 부문에서는 미국의 그루폰(Groupon)이나 한국 쿠팡과 유사하

〈메이투안디엔핑 일봉차트〉

출처 | KB증권 MTS / 2020년 4월 24일 종가 기준

며, 트립어드바이저(TripAdvisor)처럼 매장, 호텔, 여행 서비스도 제공한다.

이처럼 메이투안디엔핑은 물건뿐 아니라 서비스도 판다. 알리바바나 징동닷컴은 제품 판매 및 배송을 담당하는 이커머스 플랫폼 비즈니스지만, 이 기업은 '서비스 지향' 배달을 표방한다. 지금처럼 제품 구매가 서비스 및 경험적 소비로 전환되는 시기에 잘 부합하는 전략이다. 예컨대 식사 배달 고객이 다른 서비스 앱도 사용하도록 유도할 수 있으니 안정적으로 성장하기에도 유리하다. 또한 텐센트가 해당 기업의 지분을 약 5% 이상 소유하고 있어, 텐센트의 위챗페이로 메이투안디엔핑의 다른 서비스 앱을 자연스레 사용하게 하는 시너지 효과도 창출한다. 다만 매출 성장, 재무 건전성 등은 꾸준히 모니터링할 필요가 있다.

중국의 샘표식품! 간장·조미료 1위 해천미업

해천미업(603288 SH)은 중국 최대 음식료 제조업체로, 간장부터 굴소스, 양념장, 식초, 조미료를 생산하면서 20년 연속 중국 내 간장 시장점유율 1위를 차지하고 있다.

필자는 2015년 이 기업을 탐방한 적이 있다. 인상적이었던 것은 역시 규모였다. 간장 공장이 잠실 종합운동장의 몇 배나 되고, 그 안에 아파트 5층 높이의 대형 간장 제조통이 수천 개 늘어서 있었다. 게다가 생산 공정이 완벽하게 자동화돼 있어, 생산벨트 하나당 직원은 2명 정도였다. 일일이 사람 손으로 제조할 거라는 막연한 통념이 깨지는 순간이었다.

자동화된 대량생산 체계이니 생산도 획일적이고 기계적일 거라 넘겨짚는다면 오산이다. 해천미업은 간장 종류만 50가지가 넘을 정도로 다양한 입맛에 맞춘 제품군을 자랑한다. 중국은 땅이 넓고 인구가 많은 만큼 지역별로 선호하는 맛 차이가 크고, 배송거리도 멀어 운송비용도 높다. 해천미업은 다양한 제품을 대량생산할 수 있을뿐더러 전국적인 제품 판매망을 보유한 몇 안 되는 업체다. 반면 인건비 비중은 높지 않아 이익률이 45%에 달한다.

중국인의 까다로운 입맛에 맞는 다양한 생산라인과 광범위한 배송지역까지, 외국기업이 쉽사리 침투하기 어려운 조건이다. 말하자면 이 영역에서 해천미업은 절대적인 입지를 다져놓은 셈이다. 외

〈해천미업 일봉차트〉

출처 | KB증권 MTS / 2020년 4월 24일 종가 기준

국기업에게 위협받지 않고 1위를 지킬 수 있는 기업, 계속해서 매출을 만들어내는 기업. 이보다 더 확실한 투자 포인트가 있을까?

경영진이 제시한 청사진 또한 기대감을 높인다. 해천기업은 프리미엄 제품 비중 확대, 비용절감 등을 통해 매출 및 순이익을 키우겠다고 발표한 바 있다. 중국 내 물가가 상승하면서 제품가격도 조금씩 인상되고 있고, 전국 대리점 수도 2018년 4807개에서 2019년 5806개로 늘었다.

우리나라에도 샘표식품이나 CJ제일제당 등의 국내 식품기업들이 10~20년간 내수 성장과 함께 꾸준히 성장한 전례가 있다. 중국인의 입맛을 사로잡은 해천미업 또한 밝은 미래를 점칠 이유가 충분하다. 막강한 인구수를 기반으로 한 해천미업의 성장에 관심을 가져보자.

세계 3대 명주, 귀주모태주

귀주모태주(600519 SH)는 코냑, 위스키와 함께 3대 명주로 불리는 중국의 '백주'를 제조하는 기업이다. 특히 중국의 고급 백주를 대표하는 브랜드인 '마오타이(茅臺)'로 유명하다. 시가총액 100조 원을 넘어선 세계 최대 주류회사 중 하나인데, 중저가 백주시장 공략, 온라인·해외시장 개척에 승부수를 띄운 전략이 적중하면서 최근 중국의 대표 내수주로도 떠오르고 있다.

하지만 늘 상승곡선만 그린 건 아니었다. 시진핑 주석이 대대적인 반부패 운동을 전개하면서 공무원의 차량비, 출장비, 접대비 규제를 강화했는데, 고급 백주인 마오타이가 그 직격탄을 맞은 것이다. 중국에는 '꽌시'라 해서 선물이나 뇌물로 관계를 돈독히 하려는 관습이 있는데, 마오타이는 고위 공직자에게 꽌시용으로 많이 판매되곤 했다. 하지만 반부패 운동으로 수요가 크게 줄어들자 귀주모태주에 투자하려던 투자자들도 고개를 저었던 것이다.

하지만 귀주모태주는 곧 반격에 나섰다. 기존의 고급 브랜드는 그대로 둔 채 500~100위안의 중저가 브랜드를 잇달아 선보이는 투 트랙 전략을 쓴 것이다. 가벼운 술자리용, 결혼식 연회용 등 맞춤형 제품을 100여 종이나 내놓았는데, 특히 이런 중저가 브랜드는 미래의 고급 마오타이 소비자가 될 수 있는 바링허우(1980년대 생)와 주링허우(1990년대 생) 같은 젊은 소비자들에게 큰 성과

〈귀주모태주 일봉차트〉

출처 | KB증권 MTS / 2020년 4월 24일 종가 기준

를 거두었다. 대표적인 중저가 보급형 브랜드는 '마오타이 영빈주(迎賓酒)', 여성 소비자를 겨냥해 블루베리 주스를 넣은 '유 미트(U MEET)' 등이다. 낮은 가격, 낮은 도수, 적은 용량의 이른바 3저(低) 전략으로 새로운 소비층을 만들어낸 것이다.

그렇다면 이커머스 시장에서는 어떨까? 메이투안디앤핑과 해천미업이 이커머스와 배송시장에서 우위를 점한 것처럼 귀주모태주도 무기를 갖고 있지 않을까?

2011년 알리바바의 마윈 회장은 마오타이 공장을 둘러보고 '천하의 훌륭한 술'이라는 글을 직접 써서 남겼다. 하지만 그가 유일하게 아쉬움을 느낀 부분이 바로 유통이었다고 한다. 마오타이는 중국 전역에 2000여 개 직영판매점을 보유한 반면, 생산시설은 귀주지역에 딱 하나뿐이기 때문이었다. 그러다 보니 유통과정이 복잡하고 '짝퉁'도 많았다.

마윈 회장은 '이 좋은 술을 이렇게만 팔 수 없다'며 마오타이와 협약해 알리바바가 온라인 유통을 직접 지원하기로 했다. 온라인 쇼핑몰에 마오타이를 위한 자리를 만들었을 뿐 아니라, 온라인 맞춤 브랜딩, 금융 지원, 데이터 분석 등 온라인 판매에 필요한 서비스를 다각도로 지원했다. 마오타이도 알리바바의 온라인 쇼핑몰인 티몰에서만 단독 판매하는 '펑탄주'를 출시하기도 했다.

이후 마오타이는 알리바바 외에도 중국 2위 전자상거래 업체인 징동닷컴을 비롯해 10여 개 전자상거래 업체와 협약을 체결하는 등 다양한 파트너사와 협력해 온라인 시장을 공략하고 있다. 2014년에는 아예 전자상거래 업체를 설립했고, 2018년 6월에는 모바일 앱을 만드는 등 온오프라인 연계(O2O) 사업을 강화하는 중이다.

귀주모태주의 투자 포인트는 간단하고 강렬하다. 다른 업체, 특히 외국업체가 마오타이와 같은 중국 전통 백주를 만들 수 있는가? 외국기업이 침투할 수 없고 고객 충성도가 높으며 공급 또한 원활하고 중저가 공략에도 성공했다는 점, 나아가 더 큰 외형성장을 꿈꾸고 있다는 점 모두 투자해야 할 이유가 된다. 실제로 중국 내 기관은 물론 외국 투자자들도 중국주식에 투자할 때 반드시 귀주모태주를 담곤 한다. 중국의 진정한 내수주는 바로 이런 기업이 아닐까?

'포스트 차이나' 베트남의 유망종목
– 빈그룹, 빈홈즈, 마산그룹, 비나밀크

투자테마 12

요즘 한국 투자자들이 가장 관심 갖는 나라는 단연 베트남이다. '베트남에 아파트를 샀는데 수익이 좋았다, 베트남주식과 펀드에 10년 보고 투자했는데 꽤 쏠쏠하다'는 경험담이 여기저기서 들리고 있다.

베트남의 투자 포인트는 여러 가지지만 역시 '인구'가 핵심이다. 9700만 인구 중 약 50%가 노동 가능 인력인 10~20대인데, 전체 노동자들의 평균 임금이 월 200달러(약 20만 원) 수준으로 낮아 전 세계 공장이 베트남으로 몰려들고 있다. 이에 따라 외국인 공장에 취직한 베트남 국민들의 소득이 늘고 내수진작에 기여하면서 자연스레 중산층도 늘어나고 있는데, 임금 200달러가 2000달러 수준으로 상승한다면 수치상으로만 따져봐도 구매력이 10배는 커질 것이다. 이 구매력으로 내수시장이 성장하고, 내수 대표종목들은 더욱 크게 성장할 것임은 분명하다.

베트남 정부가 성장을 위한 투자에 개방적이라는 점도 주목할 만하다. 특히 외국인 투자는 비교적 자유롭게 완화해주려는 노력이 두드러진다. 그러다 보니 한국, 일본, 싱가포르 등 외국인 직접투자(FDI)가 매년 크게 늘고 있고, 외국인의 베트남 투자액 중에서도 이들 나라의 비중이 가장 크다.

이러한 흐름을 타고 급격한 도시화가 진행되면서 인프라 투자도 폭발적으로 늘고 있다. 2020년에는 호치민 지하철 1호선이 개통될 예정으로, 우리나라 1970~80년대 발전상과 비슷하다. 바야흐로 베트남의 업종 대장주에 장기적인 관심을 가져야 할 시기다.

베트남 재벌기업의 고급 아파트 사업부, 빈그룹과 빈홈즈

빈그룹은 베트남 시가총액 1위 기업으로, 종합 부동산개발 분야 1위이자 백화점, 쇼핑몰, 마트, 편의점 등 유통 분야 최대 기업이다. 한마디로 우리나라 삼성그룹이나 현대건설, 롯데, 신세계와 같은 매출구조를 지닌 베트남 대표 재벌기업이라 하겠다.

사업분야를 꼽자면 빈마트(Vinmart), 편의점 체인인 빈마트플러스(Vinmart+), 베트남 최대 쇼핑몰인 빈콤몰(VincomMall), 고급 리조트 빈펄(VinPearl) 등이 있다. 베트남에서 가장 좋은 병원으로 꼽히는 빈멕국제병원(Vinmec International Hospital), 커리큘럼이 우수하다 알려진 빈스쿨(Vinschool)도 있다.

하지만 최근 빈그룹은 베트남의 CJ라 불리는 마산그룹(MASAN Group)에 빈커머스를 필두로 한 리테일 사업부 전체를 넘기는 계약을 체결했다. 유통사업은 정리하고 부동산개발과 제조업에 집중하기로 한 것이다. 제조업으로는 빈스마트(VinSmart, 스마트폰 제조), 빈패스트(VinFast, 자동차 제조) 등이 있다.

하지만 아직 제조업이 크게 두각을 드러내지 못하는 상황에서

〈빈그룹 자회사 라인업〉

출처 | 빈그룹, 저자 정리

지금 주목해야 할 것은 부동산개발 분야의 빈홈즈(Vinhomes, VHM VN)다. 빈그룹 중에서도 고급 아파트 분양 개발 파트를 맡은 사업부로, 2018년 별도로 분사해 베트남 증시에 상장됐다. 상장되자마자 빈그룹에 이어 시가총액 2위에 오를 정도로 기세가 대단하다. 최근 호치민과 하노이 주요 도심지역에 고급 아파트의 랜드마크로 등극한 빈홈즈센트럴파크를 짓는 등 직접 신도시 개발까지 나서고 있다.

앞서 언급했듯 베트남은 급격한 도시화와 개발사업이 진행 중이며, 2020년 호치민에 지하철 1호선이 개통되면 빈홈즈 또한 그 수혜를 입을 것으로 예상된다. 이미 경전철이 시범운행되면서 개통을 준비하는 상황이라 '역세권' 개념이 생기기 시작했는데, 빈홈즈는 주요 역세권 중에서도 핵심지역에 빈홈 센트럴파크를 지었다.

물론 고급 아파트에만 집중하는 것은 아니다. 고급은 빈홈즈, 중저가 보급형 아파트는 빈시티(Vincity)라는 브랜드를 내세워 이원화 전략으로 종합 개발에 나선 상태다. 우리나라 대림건설이 고급 아파트 브랜드 '아크로리버', 일반 아파트 브랜드 'e편한세상'을 만든 것처럼 말이다.

현재 빈홈즈 센트럴파크의 평당 가격은 이미 1000만 원에 육박한다. 결코 싸다고 할 수 없지만, 미래 성장 가능성과 여전히 많이 남아 있는 유휴토지, 이제 시작 단계인 도시화를 생각한다면 개발 핵심인 빈그룹과 빈홈즈에 주목해야 한다. 특히 최근 도시 규모에 따라 세그먼트를 다각화해, 젊은 층 타깃의 초호화 럭셔리 아파트인 '빈홈즈 다이아몬드', 고급 아파트 '빈홈즈 루비', 중급 아파트 '빈홈즈 사파이어' 등 3가지 브랜드를 만들어 적극적으로 시장을 공략하고 있다. 또한 2020년에는 빈홈즈 오션파크, 빈홈즈 스마트시티, 빈홈즈 그랜드파크 등 대형 분양 프로젝트의 입주도 시작될 예정이다. 규모는 무려 3만 채에 이른다.

베트남의 도시화와 건설사업은 이미 시작되었다. 변화의 물결에 몸을 싣고 싶다면, 베트남의 내수에 기대를 걸고 있다면 시가총액 1위이자 부동산 개발 대표업체인 빈그룹, 빈홈즈에 주목하자.

베트남의 CJ, 마산그룹

베트남 생활필수품 시장의 거인인 마산그룹(MSN VN)은 음식료와 생활필수품 분야의 베트남 1위 기업으로 간장, 된장, 생선 소스를 비롯해 편의식품(라면, 즉석국수)과 커피에 주력하고 있다. 그 중에서도 간장, 생선 소스는 베트남 시장점유율 76%, 고급라면은 48%, 커피는 44%를 차지할 정도로 압도적 우위를 점하고 있다. 해외투자자들에게도 우호적이어서, 최근 한국의 SK그룹이 5400억 원을 투자해 9.4% 지분을 취득했고 까다롭기로 유명한 싱가포르 투자청(GIC)이 4.4% 지분을 취득하는 등 전략적 파트너십을 다지는

데 적극적이다.

시설과 브랜드 구축에도 힘을 쏟고 있다. 마산그룹의 IR이 직접 발표한 바로는, 미트 델리(Meat Deli)라는 브랜드를 통해 냉장 정육된 돼지고기를 부위별로 포장해 냉장 시스템을 갖춘 시설에서 판매하겠다는 계획을 세웠다. 현재 베트남에서는 돼지고기의 90% 이상이 재래시장에서 거래되는 만큼, 냉장시설로 돈육을 유통·판매한다는 계획은 주목받기에 충분하다.

마산그룹의 가능성은 먹거리에 그치지 않는다. 마산그룹 소유 테크컴뱅크(Techcom Bank)는 베트남에서 가장 큰 상업은행 중 하나로 개인 및 중소기업 대출, 개인 예금 조달 부문에서 선두를 달리고 있으며, 2018년 총 이익규모 2위를 기록해 민영은행 중 최초로 베트남 3대 은행에 이름을 올렸다. 또한 최근 빈그룹과의 빅딜을 통해 유통부문을 인수했는데, 말하자면 먹거리를 만들기만 하는 것이 아니라 유통까지 장악해 자기 가게에서 자기 제품을 파는 수직계열화에 나선 것이다. 우리나라와 싱가포르 등 해외투자자들이 마산그룹의 행보를 주목한 데에는 단순한 문어발식 확장이 아닌, 자신의 강점을 살려 사업을 확장하고 경쟁력을 강화하는 이 같은 전략이 한몫한 것으로 판단된다.

개인투자자 입장에서도 마찬가지다. 일단 베트남 투자에 나섰다면 마산그룹은 반드시 포트폴리오에 담아야 할 투자종목이다. 먹거리와 마실 거리 위주의 생산, 나아가 유통부문 인수를 통한 수직계열화까지, 마산그룹은 앞으로도 베트남의 내수를 책임질 대표기업으로 성장할 것이다. 미래 행보를 눈여겨봐야 할 이유다.

▌ 베트남의 매일유업, 비나밀크 ▌

비나밀크(VNM)는 베트남 최대 유제품 회사다. 2020년 1분기 기준 베트남 전체 유제품 시장의 약 48%를 점유하고 있는데, 2023년에는 60%까지 확대될 것으로 전문가들은 전망하고 있다. 지난 5년간 평균 ROE(자기자본이익률)도 평균 40%를 유지하는 견실한 기업이다.

비나밀크는 원유 생산과 가공, 유통에 이르는 수직계열화를 이루어 유기농 우유, 프리미엄 분유, 치즈, 두유, 아이스크림, 주스 등 약 270개 제품 라인업을 구축해 판매하고 있다. 2~3년 전에는 베트남 부동의 시가총액 1위였으며, 지금도 빈그룹, 빈홈즈와 함께 시가총액 톱5 안에 늘 이름을 올리고 있다.

필자는 2018년에 베트남 하노이를 방문했는데, 그때도 마트나 편의점 등 웬만한 곳에서는 모두 비나밀크의 요거트와 우유를 볼 수 있었다. 호텔 조식에서도 마찬가지였다. 그만큼 비나밀크는 베트남 대표 내수기업일 뿐 아니라 현지 소비자가 신뢰하는 기업, 구직자들이 선망하는 최고의 기업으로도 꼽힌다. '2019년 베트남인

선호 우량기업 톱100'에서 1위에 올랐고, 〈베트남 리포트(Vietnam Report)〉의 '믿을 수 있는 상장기업 톱10'에도 2019년까지 5년 연속 1위를 차지했다.

또한 베트남은 6세 이하 어린이 인구가 1000만 명 이상이라 우유와 분유 소비가 많으며, GDP가 연평균 6~7%씩 빠르게 성장하고 있어 요거트, 치즈, 아이스크림 등 유제품 소비도 급증하는 추세다. 단점이라면 냉장 시스템이 열악하다는 것이었으나, 최근 시설을 개선해 도시에만 집중됐던 소비를 전국으로 확대하는 데 성공했다.

해외시장 진출도 주저하지 않는다. 2019년 4월 베트남 농림부와 중국 관세청 간 협약을 통해 글로벌 2위 우유 소비국인 중국에 베트남 제품이 수출되기 시작했는데, 비나밀크는 중국의 알리바바가 운영하는 마트와 알리바바의 온라인 쇼핑몰인 티몰에서 판매를 시작해 2020년 내로 중국 수출 물량을 2~3배 이상 확대하겠다고 발표했다.

전문가들 또한 베트남 유제품 소비시장이 빠르게 성장하는 데다 유제품 수출도 늘고 있어, 2020년 베트남 유제품 업계 매출이 12.4% 성장할 것으로 내다봤다. 비나밀크의 향후 5년간 연평균 매출증가율 또한 10.7%에 이를 것으로 전망된다. 베트남 내수주에 투자하고 싶다면 비나밀크가 제격이다.

PART 5

전 팀장의
해외주식
실전 포트폴리오

지금까지 우리는 왜 해외주식에 투자해야 하는지, 어떻게 투자하는지, 다른 사람들은 어떻게 투자했으며 투자할 만한 기업은 어디인지 알아보며 내공을 쌓았다. 다음 단계는 실천과 행동이다.

5부에서는 필자의 경험을 바탕으로 여러 가지 목적과 상황을 가정하여 실전 포트폴리오 예시를 제시할 것이다. 금융 IQ를 높여 냉혹한 금융시장에서 자산을 지키기 위해 스스로를 단련한다는 생각으로 읽어주시면 좋겠다.

포트폴리오 구성은 사실 굉장히 어렵고 까다로운 작업이다. 각국 경제상황, 증시 타이밍, EPS 증감 추이, 종목별 이벤트, 평가 결과, 기업마다 안고 있는 리스크, 기업 간 상관관계, 변동성 추이 등을 고려해야 한다. 펀드매니저가 아닌 이상 이 모든 요소를 다 고려할 수는 없다. 하지만 개인투자자라도 가장 중요한 원칙은 항상 기억해야 한다. 단일 종목으로만 구성하지 않는 것, 위험자산과 안전자산을 균형 있게 배분하는 것, 다양한 자산이 담긴 ETF를 활용하는 것, 그리고 글로벌 1등을 지키면서도 업황이 좋지 않은 시기에 버틸 수 있는 기업을 고르라는 것이다.

마지막으로 한 가지 더. 여기에서 제시한 포트폴리오는 어디까지나 필자의 의견일 뿐 결코 정답일 수 없다는 점을 유의해주시기 바란다. 모든 투자자들마다 자금과 사정이 다른 만큼 포트폴리오도 수백 수천 가지일 수밖에 없다.

STOCK MARKET

글로벌 투자 고수
포트폴리오 엿보기

실전
포트폴리오
1

모건 스탠리가 선택한 톱18

2020년 4월, 글로벌 IB 모건 스탠리가 '지금 당장 매수해야 할 18개 종목'을 소개했다. 아래 표는 필자가 그중 일부를 추린 것이다. 모건 스탠리가 선택한 종목은 어떤 것들이고 이유는 무엇일까?

〈모건 스탠리가 선정한 투자종목〉

종목명	티커	추천사유
어도비	ADBE	목표주가 375달러. 디자인과 미디어를 이끄는 동시에 마케팅 자동화 분야에서 가장 역동적으로 움직이는 기업으로 꾸준히 높은 시장점유율을 지키고 있다. 장기적 성장세가 주목된다.

알파벳	GOOGL/ GOOG	목표주가 1310달러. 모바일 검색, 유튜브 수익, 구글맵 등의 혁신이 돋보이는데, 덕분에 2021년까지 몇몇 저평가된 제품들이 구글 웹사이트의 성장과 함께 재반등할 것으로 예상된다.
애플	AAPL	목표주가 298달러. 기기 관련 기술도 세계에서 인정받고 있으며, 사람들이 시간과 비용을 쓰게 만드는 플랫폼 장악력도 갖췄다. 서비스 매출, 새로운 제품, 하드웨어 비즈니스의 재성장 등이 향후 지속적인 주가 상승을 도울 것이다.
블랙록	BLK	목표주가 582달러. 아이셰어즈 ETF 플랫폼에서 자산관리로 완벽하게 포지셔닝하고 있으며, 향후 멀티에셋과 대체투자 등 다양한 분야에서 5~10%씩 꾸준히 성장할 것으로 기대된다.
홈디포	HD	목표주가 215달러. 코로나19 사태의 여파로 직접 집 구조를 바꾸거나 수리하려는 수요가 더욱 커질 것으로 예상되는데, 이에 따라 2020년 2분기부터 2021년까지 경제·주택경기가 회복된다면 동사의 매력도 증대할 것으로 기대된다.
마스터 카드	MA	목표주가 266달러. 글로벌 소비 증대, 캐시리스 사회로의 변화에서 빼놓을 수 없는 기업이다. 매년 두자릿수 이상의 매출성장이 기대된다.
마이크로 소프트	MSFT	목표주가 180달러. 퍼블릭 클라우드, 늘어나는 마진, 고객 장악력, 오피스365와 링크드인, 데이터센터 등을 통해 두자릿수 이상의 성장을 견인할 것으로 보인다.
나이키	NKE	목표주가 92달러. 전통적인 홀세일 비즈니스에서 리테일 테크놀로지 기업으로 변신 중인데, 글로벌 액티브웨어 시장에서 높은 성장률 및 매출을 기록하고 있다. 특히 이커머스 시대 가장 높은 고객충성도가 돋보여 주가상승이 예상된다.
유나이티드 헬스그룹	UNH	목표주가 281달러. 미국 시장점유율 1위(28%)의 메디케어 수혜주다. 앞으로 헬스케어와 보험 등에서 장기적인 상승세를 보일 것이다.
비자	V	목표주가 172달러. 모건 스탠리의 최선호주로, 글로벌 소비 성장의 핵심 수혜주이기도 하다. 온라인 결제가 일반화되고 전자상거래가 확대되면서 매년 두자릿수 이상의 매출성장이 예상된다. 비자의 경쟁력과 구조적 장벽, 경제적 해자가 투자 메리트다.
자일링스	XLNX	목표주가 87달러. 자율주행 분야에서 ADAS와 같은 성장 기회가 있으며, 동시에 GPU가 아닌 FPGA의 차용이 기대되는 데이터센터 분야에서도 수혜를 입을 것이다.

출처 | 모건 스탠리, 저자 정리

이 중에서도 대표종목을 꼽아보자면 어도비, 알파벳, 마이크로소프트 등이다. 목표주가 375달러를 제시한 어도비는 앞서 언급한 것처럼 디지털 디자인 시장에서 압도적인 점유율을 보이고 있으며, 코로나19로 재택근무가 활성화된 지금 더욱 주목해야 하는 종목이기도 하다.

다음은 알파벳이다. 알파벳은 모바일 검색, 유튜브, 수익, 구글맵 등 그동안 낮은 평가를 받았던 서비스 및 제품을 포함해 아더 베츠(OtherBets)들이 새롭게 성장할 것으로 기대된다. 또한 마이크로소프트도 클라우드 서비스와 오피스 프로그램 등을 통해 두자릿수 이상 성장할 것으로 전문가들은 내다보고 있다.

이들 기업의 공통점은 강력한 경쟁력과 해자가 있다는 것이다. 앞서 우리는 1위다운 경쟁력뿐 아니라 해자도 갖추고 있어야만 투자성과가 좋다는 점을 확인한 바 있다. 모건 스탠리 또한 기업성장 예측 기준에 이 두 가지를 강력하게 고려하고 있음을 알 수 있다.

미국 헤지펀드들의 포트폴리오는?

2020년 4월 RBC 캐피털마켓(RBC Capital Markets)의 로리 칼바시니 미국주식 수석전략가는 721개 미국주식 헤지펀드가 어떤 종목을 보유하고 있는지 분석한 결과를 내놓았다. 다음 표는 그중 주

〈S&P500 지수 대비 성과분석표〉

기업	티커	헤지펀드 보유 주식 비중	2월 19일~ 3월 23일 상대수익률	3월 23일~ 4월 9일 상대수익률	2020년 상대 수익률
마이크로소프트	MSFT	71%	+6.5%	-3.2%	+18.4%
알파벳	GOOGL	62%	+3.1%	-10.2%	+3.7%
애플	AAPL	58%	+3.3%	-5.2%	+4.9%
JP모건	JPM	53%	-8.6%	+5.3%	-12.6%
페이스북	FB	47%	-2.0%	-6.4%	-1.0%
비자	V	47%	-2.4%	+3.3%	+6.1%
컴캐스트	CMCSA	44%	+8.3%	-13.5%	-1.9%
아마존닷컴	AMZN	44%	+21.6%	-17.3%	+24.2%
존슨앤존슨	JNJ	43%	+8.5%	+2.4%	+10.5%
유나이티드헬스 그룹	UNH	41%	-2.3%	+10.9%	+3.5%

〈러셀1000지수 대비 성과분석표〉

기업	티커	헤지펀드 소유 달러 (USD)	2월 19일~ 3월 23일 상대수익률	3월 23일~ 4월 9일 상대수익률	2020년 상대 수익률
아마존닷컴	AMZN	184억	+21.6%	-17.3%	+24.2%
마이크로소프트	MSFT	181억	+6.5%	-3.2%	+18.4%
페이스북	FB	170억	+2.0%	-6.4%	-1.0%
알파벳	GOOGL	146억	+3.1%	-10.2%	+3.7%
엘러간	AGN	123억	+18.3%	-16.0%	+9.0%
넷플릭스	NFLX	116억	+27.2%	-21.8%	+28.2%
비자	V	85억	-2.4%	+3.3%	+6.1%
피델리티 내셔널 인포메이션 서비스	FIS	79억	-0.9%	-2.6%	+3.6%
세일즈포스닷컴	CRM	77억	+6.8%	-14.7%	+8.7%
어도비	ADBE	75억	+14.1%	-21.0%	+10.3%

출처 | 배런스(Barren's)

요 종목들이 미국 대표지수인 S&P500과 중소형주 지수인 러셀 1000(Russell1000) 대비 어느 정도 성과를 거두었는지 분석한 것이다.

여기서 주목할 것은 그들이 거래한 종목들이다. 모두 우리 생활에서 익숙한 이름, 우리가 지금까지 언급하고 공부해온 종목들임을 확인할 수 있다. 세계 투자자들이 정말 아마존, 애플, 존슨앤존슨, 넷플릭스 등에 투자하는지 의심했다면 이제는 믿어도 되지 않을까? 미국에서 이름을 날리는 헤지펀드 회사들도 우리와 동일한 포트폴리오로 투자하고 있다는 사실을 말이다.

흥미로운 사실은, 시장 대비 수익률을 높이기 위해 안전자산 관련 종목에 투자하지는 않으며, 개별 주식 여러 개로 분산해 포트폴리오를 구성한다는 점이다. 하락을 대비하기보다는 무조건 초과성과를 내야 하는 헤지펀드들의 특성 때문으로 보인다.

어떤 종목에 투자할지 아직 확신이 서지 않는가? 일상에서 너무 익숙해진 기업들이라 오히려 선뜻 투자하기 어려운가? 앞의 표를 다시 보고 자신감을 얻자. 우리가 투자하고 싶어 하는 종목들에 유명 헤지펀드들도 투자하고 있다. 실천해봐도 좋다.

최고들만 모은
'어벤저스'는?

실전
포트폴리오
2

이제 실전 포트폴리오를 구상해보자. 다음 표는 2020년 4월 현시점에 구성할 수 있는 가장 평균적인 포트폴리오다. 각 개별 섹터 및 ETF, 리츠 등 다양한 영역에서 최고들만 모은, 말하자면 '어벤저스'라 할 수 있다. 앞서 확인했던 헤지펀드 포트폴리오와는 달리 자산을 지키기 위한 안정성도 갖췄다.

주식은 언제든 하락할 수 있기 때문에 필자는 방어를 위한 안전자산을 반드시 넣는 편이다. 해법은 다양한 ETF들인데, 이 포트폴리오에는 앞서 4부의 '투자테마 8 글로벌 ETF'에서 소개했던 '중립형 자산배분'인 AOM을 편입시켰다. 코로나19로 증시의 변동성이 커진 상황에서 자산을 적절히 방어해주는 역할을 하는데, 채권

약 70%, 주식형 30%로 알아서 비중을 조절해준다. 안전자산 ETF 인 TLT(미국 국채 ETF)와 IAU(금 ETF)도 당연히 편입했다.

안전자산이라 할 수는 없지만, 주식과 채권 중간 정도의 변동성 과 리스크를 지닌 LQD도 추가했다. LQD는 미국 투자적격등급(IG) 채권 ETF로, TLT와 함께 매달 달러로 배당을 지급해주기 때문에 시 장 변동이 생겨도 포트폴리오를 헤지할 수 있다는 장점이 있다.

필자가 거듭 강조했던 글로벌 대표 성장주인 아마존닷컴, 알파 벳, 마이크로소프트, 비자, ASML도 편입했다. 이는 초과성과를 추 구하기 위함이다. 또한 존슨앤존슨, 록히드마틴은 헬스케어/무기 판매 분야 1위 종목이자 배당성장 끝판왕으로, 성장과 배당이라는 두 마리 토끼를 모두 잡기 위해 넣었다.

마지막으로 리츠가 있다. 미국 부동산 기반인 프로로지스와 아메 리칸타워인데, 배당이 매력적일 뿐 아니라 기초자산이 부동산이기 때문에 일반 주식보다 변동폭이 적다. 또한 프로로지스의 물류센 터, 아메리칸타워의 통신탑은 코로나19 사태에서 상대적으로 타격 이 적은 인프라라는 점도 돋보인다.

말하자면 이 포트폴리오는 안정성과 성장성을 모두 갖춘 표준 포 트폴리오라 할 수 있다. 시장이 좋건 나쁘건 언제든 성장 가능성이 있는 기업들이라는 이야기다. 이를 기준 삼아 지속적으로 종목별 편입 비중을 조절한다면 자산관리도 어렵지 않을 것이다.

〈투자 어벤저스 포트폴리오 예시〉

종목명	티커	시가총액 (억 원)	현재가 (USD)	PER (주가수익배율)	배당수익률 (세전, 연)
아이셰어즈 코어 모더레이트 얼로케이션 ETF	AOM	14,271	37.94	-	2.90%
아이셰어즈 20+ 이어 트레저리 본드 ETF	TLT	213,409	167.81	-	1.81%
아이셰어즈 아이박스 인베스트 먼트 그레이드 본드 ETF	LQD	571,658	130.56	-	3.37%
아이셰어즈 골드 트러스트 ETF	IAU	271,155	16.08	-	배당 없음
아마존닷컴	AMZN	14,436,475	2375.00	103.22	배당 없음
알파벳	GOOGL	10,736,994	1279.00	26.70	배당 없음
마이크로소프트	MSFT	16,563,459	178.60	33.13	1.21%
비자	V	4,056,897	169.54	30.76	0.66%
존슨앤존슨	JNJ	4,886,689	152.02	23.34	2.86%
록히드마틴	LMT	1,379,918	401.51	15.53	2.64%
ASML홀딩스	ASML	1,534,444	295.65	27.32	0.79%
프로로지스	PLD	813,037	90.22	78.44	2.40%
아메리칸타워	AMT	1,373,705	254.06	59.36	1.56%

ETF 중 채권형 ETF나 금 관련 ETF는 주식형이 아니기에 PER산정이 불가하여 데이터가 없다.

배당 빈도	3개월 일평균거래량	1개월 수익률	3개월 수익률	연초대비 (YTD) 수익률	1년 수익률	3년 수익률	5년 수익률
분기	374,674	12.04%	-6.25%	9.85%	2.07%	4.33%	3.67%
매월	24,783,404	5.41%	22.14%	42%	39.47%	13.48%	7.80%
매월	26,468,523	22.63%	2.01%	20.69%	13.78%	6.65%	4.83%
배당 없음	41,939,784	13%	7.99%	30.84%	31.59%	9.25%	6.82%
배당 없음	7,171,745	28.65%	27.36%	58.13%	27.57%	38.04%	43.50%
배당 없음	3,318,362	19.73%	-13.55%	22.40%	3.02%	14.13%	18.60%
분기	70,120,945	30.03%	7.17%	78.94%	46.69%	42.04%	35.74%
분기	17,495,544	15.47%	-17.06%	29.50%	6.50%	23.76%	22.04%
분기	14,660,358	26.80%	2.57%	21.90%	13.64%	10.54%	11.69%
분기	2,455,325	37.87%	-5.06%	58.31%	30.97%	16.79%	18.42%
반기	1,399,582	36.81%	-1.46%	92.95%	45.83%	32.96%	26.53%
분기	6,127,354	43.62%	-3.58%	58.92%	25.91%	21.64%	19.63%
분기	3,358,409	30.59%	9.31%	64.15%	33.99%	29.37%	23.92%

출처 | 블룸버그, 저자 정리 / 2020년 4월 20일 종가 기준

미국주식
성장주를
모아보자

실전
포트폴리오
3

미국 다우존스에 편입된 약 65개 종목, 그리고 나스닥과 S&P500 지수에 편입된 종목 중에는 성장주가 많은 편이다. 고르는 방법은 어렵지 않다. 각 섹터 1등주만 모으면 된다. 이번에 소개할 포트폴리오는 바로 그 성장주들만 모아놓은 포트폴리오다.

우리가 이미 살펴봤던 아마존, 알파벳, 마이크로소프트 등이 있고, 반도체 관련주도 보인다. IT관련 산업이 커지고 데이터센터, 클라우드, AI, 딥러닝, 자율주행, IoT 분야가 성장하면서 필연적으로 함께 성장하는 것이 바로 반도체 산업이다.

앞서 언급했던 ASML 외에도 글로벌 DRAM 메이커 3위인 마이크론, 반도체·디스플레이 장비 글로벌 1위인 어플라이드 머티리얼스도 있다. 고사양 게임과 데이터센터가 확산되며 수혜를 보는 기업인 엔비디아와 AMD도 성장을 기대해볼 만하다.

세일즈포스닷컴은 미국 샌프란시스코에 본사를 둔 기업으로, 글로벌 고객관리시스템(CRM) 분야 1등을 달리고 있다. 우리가 익히 알고 있는 넷플릭스도 물론 분야 1위로, 최근에는 코로나19 사태로 사용량이 더욱 늘었다.

미국의 바이오시밀러 1위 기업이자 코로나19 치료제 임상 중인 길리어드 사이언스, 로봇수술 1위 인튜이티브 서지컬도 제약바이오의 선두주자이므로 빼놓을 수 없다. 리스크와 변동성은 있으나 성장 비전이 뚜렷한 테슬라와 비욘드미트도 주목할 만하다.

〈성장주 포트폴리오 예시〉

종목명	티커	시가총액 (억 원)	현재가 (USD)	PER (주가수익배율)	배당수익률 (세전, 연)
아마존닷컴	AMZN	14,436,475	2375.00	103.22	배당 없음
알파벳	GOOGL	10,736,994	1279.00	26.70	배당 없음
마이크로소프트	MSFT	16,563,459	178.60	33.13	1.21%
애플	AAPL	15,087,444	282.80	22.35	1.21%
존슨앤존슨	JNJ	4,886,689	152.02	23.34	2.86%
록히드마틴	LMT	1,379,918	401.51	15.53	2.64%
비자	V	4,056,897	169.54	30.76	0.66%
마이크론 테크놀로지	MU	619,732	45.70	20.22	배당 없음
엔비디아	NVDA	2,183,056	292.32	63.81	0.22%
AMD	AMD	808,033	56.60	123.52	배당 없음
어플라이드 머티어리얼스	AMAT	595,675	53.20	17.07	1.58%
세일즈포스닷컴	CRM	1,774,629	162.62	-	배당 없음
버라이즌	VZ	2,948,055	58.46	10.93	4.19%
넷플릭스	NFLX	2,262,992	422.96	102.41	배당 없음
테슬라	TSLA	1,692,369	753.89	-	배당 없음
비욘드미트	BYND	57,999	76.91	-	배당 없음
길리어드 사이언스	GILD	1,289,345	83.99	15.70	3.06%
인튜이티브 서지컬	ISRG	748,399	526.33	47.15	배당 없음

비욘드미트는 상장된 지 얼마 되지 않았기 때문에 3년, 5년 데이터가 없다. (시가총액 등)

배당 빈도	3개월 일평균거래량	1개월 수익률	3개월 수익률	연초대비 (YTD) 수익률	1년 수익률	3년 수익률	5년 수익률
배당 없음	7,171,745	28.65%	27.36%	58.13%	27.57%	38.04%	43.50%
배당 없음	3,318,362	19.73%	-13.55%	22.40%	3.02%	14.13%	18.60%
분기	70,120,945	30.03%	7.17%	78.94%	46.69%	42.04%	35.74%
분기	67,307,357	23.36%	-11.06%	82.42%	40.55%	27.51%	19.20%
분기	14,660,358	26.80%	2.57%	21.90%	13.64%	10.54%	11.69%
분기	2,455,325	37.87%	-5.06%	58.31%	30.97%	16.79%	18.42%
분기	17,495,544	15.47%	-17.06%	29.50%	6.50%	23.76%	22.04%
비정기	35,780,972	26.56%	-20.74%	44.03%	5.30%	17.78%	10.08%
분기	17,015,589	42.08%	17.34%	119.96%	57.46%	42.81%	68.64%
배당 없음	87,237,494	42.89%	11.13%	206.61%	104.48%	62.76%	86.65%
분기	11,919,835	40.04%	-15.08%	66.02%	23.05%	11.68%	21.46%
배당 없음	9,506,167	16.70%	-10.76%	18.73%	4.25%	24.58%	19.42%
분기	27,682,940	14.07%	-1.74%	10.72%	5.04%	11.35%	8.20%
배당 없음	9,511,018	27.08%	24.52%	58.02%	17.37%	44.11%	39.11%
배당 없음	19,373,797	76.34%	47.68%	126.53%	175.89%	35.54%	29.68%
배당 없음	4,389,984	32.63%	-29.52%	23.15%	207.64%	-	-
분기	24,895,949	14.65%	34.68%	40.83%	38.58%	11.75%	-0.77%
배당 없음	1,375,486	33.52%	-12.28%	9.90%	-0.33%	24.67%	23.32%

출처 | 블룸버그, 저자 정리 / 2020년 4월 20일 종가 기준

경제적 자유 실현을 위한
배당주 포트폴리오

실전
포트폴리오
4

미국 배당 성장주로만 구성한 포트폴리오 예시

경제적 자유를 실현하기 위해서는 배당을 많이 주거나 배당성장이 확실한 미국주식으로 포트폴리오를 구성하는 것이 기본이다. 분기별로 배당을 주는 주식이라면 배당월이 다른 3개 기업을 매수해 매월 배당받는 포트폴리오를 구성하는 것은 기초 중의 기초다. 이번에는 확실히 검증된 대표기업들로 구성된 포트폴리오를 살펴보자.

애플, 마이크로소프트, 존슨앤존슨 등 앞서 언급했던 기업들이 보인다. 미국에는 배당을 꾸준히 늘려온 기업이 상당히 많다. 심지어 5년, 10년, 25년, 50년 이상 증액한 기업들을 지칭하는 용어가 따로 있을 정도여서 배당액 기준으로 포트폴리오를 구성하는 것이 크게 어렵지는 않으니 본인의 기호에 맞게 종목을 선정해보자. 이 기업들의 주식을 복리처럼 1주씩 계속 쌓아간다면 경제적 자유도 꿈에만 그치지 않을 것이다.

배당 성장주만으로 포트폴리오 짜기가 다소 부담스럽다면 260~261쪽 포트폴리오를 참고할 수 있다. 개별종목 외에도 ETF까지 넣고 싶다면 앞서 소개했던 월지급식 ETF인 LQD, PGX 등을 편입하는 것도 좋은 선택이다. 배당이 매력적인 미국 리츠의 대표종목(프로로지스, 아메리칸 캠퍼스커뮤니티, 디지털 리얼티 트러스트 등)을 추가해도 좋다. 이 경우, 배당으로 돈이 조금씩 생길 때마다 재투자를 바로 진행하면서 적립식처럼 쌓아가는 투자를 경험해보는 것을 추천한다. 복리를 꾸준히 쌓아가면 어느새 큰 힘을 갖게 되는 것이 바로 배당 포트폴리오다.

〈배당 성장주 포트폴리오 예시〉

종목명	티커	시가총액 (억 원)	현재가 (USD)	PER (주가수익배율)	배당수익률 (세전, 연)
애플	AAPL	15,087,444	282.80	22.35	1.21%
마이크로소프트	MSFT	16,563,459	178.60	33.13	1.21%
JP모건체이스	JPM	3,535,597	95.18	9.15	3.64%
뱅크오브아메리카	BAC	2,462,563	23.28	8.41	3.13%
비자	V	4,056,897	169.54	30.76	0.66%
록히드마틴	LMT	1,379,918	401.51	15.53	2.64%
코카콜라	KO	2,515,914	48.06	22.40	3.58%
P&G	PG	3,763,767	124.69	24.95	2.59%
스타벅스	SBUX	1,103,372	77.10	26.53	2.27%
월트디즈니	DIS	2,347,322	106.63	23.93	1.76%
타이슨 푸드	TSN	277,470	62.34	10.85	2.69%
필립모리스	PM	1,480,132	77.96	15.50	6.41%
코스트코 홀세일	COST	1,711,740	317.92	36.38	0.89%
월마트	WMT	4,562,626	132.12	26.72	1.85%
AT&T	T	2,735,236	31.23	13.65	6.78%
시스코 시스템스	CSCO	2,196,601	42.48	14.97	3.47%
애브비	ABBV	1,502,523	83.45	10.40	5.83%
존슨앤존슨	JNJ	4,886,689	152.02	23.34	2.86%
메리어트 인터내셔널	MAR	333,099	84.26	21.30	2.52%

배당 빈도	1년 배당성장률	1년 배당성장률	1년 배당성장률	배당 성향	1년 수익률	3년 수익률	연초 대비 (YTD) 수익률
분기	5.48%	10.54%	10.38%	25.07	23.36%	-11.06%	82.42%
분기	10.23%	8.95%	10.45%	35.95	30.03%	7.17%	78.94%
분기	25.00%	21.84%	16.56%	31.46	15.21%	-30.39%	2.29%
분기	21.05%	35.89%	33.95%	23.84	18.35%	-32.48%	-2.74%
분기	19.57%	21.72%	20.11%	17.38	15.47%	-17.06%	29.50%
분기	9.52%	9.85%	10.20%	40.93	37.87%	-5.06%	58.31%
분기	2.55%	4.27%	5.28%	38.35	25.48%	-14.88%	5.61%
분기	4.00%	3.67%	2.99%	52.86	21.73%	-0.77%	40.30%
분기	11.59%	19.61%	21.57%	50.06	32.86%	-17.26%	22.53%
반기	2.33	5.71	8.88	28.07	24.02%	-26.12%	-1.57%
분기	17.78	28.46	35.35	53.73	16.26%	-30.20%	19.78%
분기	1.97	3.95	3.37	50.31	27.61%	-10.41%	26.03%
분기	14.04	13.04	-16.54	14.66	9.47%	4.56%	57.93%
분기	1.91	1.95	1.99	20.32	15.93%	15.45%	45.36%
분기	1.99	2.03	2.07	53.55	11.68%	-17.21%	19.98%
분기	6.06	10.42	12.41	25.72	20.41%	-12.56%	2.46%
분기	11.14	23.16	20.19	41.45	23%	-3.81%	-1.67%
분기	5.56	5.90	6.30	32.80	26.80%	2.57%	21.90%
분기	17.07	16.96	19.14	24.17	12.98%	-43.70%	-20.94%

출처 | 블룸버그, 저자 정리 / 2020년 4월 20일 종가 기준

〈ETF, 리츠를 편입한 배당 성장주 포트폴리오 예시〉

종목명	티커	시가총액 (억 원)	현재가 (USD)	배당수익률 (세전, 연)
프로로지스	PLD	813,037	90.22	2.40%
아메리칸 캠퍼스 커뮤니티스	ACC	56,492	33.67	5.57%
디지털 리얼티 트러스트	DLR	487,767	149.20	2.92%
인베스코 프리퍼드 ETF	PGX	64,853	14.01	5.94%
아이셰어즈 아이박스 USD 인베스트먼트 그레이드 커포레이트 본드 ETF	LQD	571,658	130.56	3.37%
AT&T	T	2,735,236	31.23	6.78%
코카콜라	KO	2,515,914	48.06	3.58%
록히드마틴	LMT	1,379,918	401.51	2.64%
존슨앤존슨	JNJ	4,886,689	152.02	2.86%
머크	MRK	2,569,598	83.46	2.78%
스타벅스	SBUX	1,103,372	77.10	2.27%

배당 빈도	3개월 일평균거래량	1개월 수익률	3개월 수익률	연초대비 (YTD) 수익률	1년 수익률	3년 수익률	5년 수익률
분기	6,127,354	43.62%	-3.58%	58.92%	25.91%	21.64%	19.63%
분기	2,142,871	45.88%	-26.58%	-14.46%	-25.93%	-8.37%	-0.02%
분기	5,410,107	23.10%	20.94%	46.46%	28.36%	13.49%	22.32%
매월	7,330,147	22.62%	-6.23%	11.34%	1.34%	3.41%	4.58%
매월	26,468,523	22.63%	2.01%	20.69%	13.78%	6.65%	4.83%
분기	60,082,824	11.68%	-17.21%	19.98%	3.46%	-2.66%	4.63%
분기	27,710,368	25.48%	-14.88%	5.61%	4.41%	7.15%	6.83%
분기	2,455,325	37.87%	-5.06%	58.31%	30.97%	16.79%	18.42%
분기	14,660,358	26.80%	2.57%	21.90%	13.64%	10.54%	11.69%
분기	15,262,319	16.96%	-7.53%	13.09%	17.27%	13.36%	11.01%
분기	17,475,021	32.86%	-17.26%	22.53%	3.20%	10.86%	11.91%

출처 | 블룸버그, 저자 정리 / 2020년 4월 20일 종가 기준

글로벌 ETF를 통한
자산배분 포트폴리오

실전
포트폴리오
5

ETF는 기관투자자들이 선호하는 투자처다. 개별 종목의 위험성을 줄일 수 있고, 여러 종목에 배분되어 있어 투자하고 싶은 섹터에 효율적으로 투자 가능하기 때문이다. 또한 펀드 투자보다 수수료가 저렴해 수익성과에도 유리하고, 언제든지 매도·매수할 수 있다는 장점도 있다. 글로벌 ETF시장이 수천조 원까지 성장한 이유다.

해외주식 개별투자가 어렵다면 ETF로 자산배분을 시작하는 것도 현명한 선택이다. 내가 투자하고 싶은 아이디어나 섹터가 있다면 미국에 상장된 ETF 중에서 찾아 투자하면 된다. 미국 ETF는 300여 개 섹터와 1600여 개 라인업으로 구성돼 있고, 레버리지/인버스 양방향으로 3배까지 갖춰져 있어 다양한 니즈로 자유로운 투자가 가능하다.

이번 포트폴리오에서도 앞에서 언급했던 ETF를 확인할 수 있을 것이다. 다소 낯설 수 있는 QQQ는 나스닥100지수를 1배로 추종하는 ETF로, 우리나라의 코덱스200과 같은 대표 인덱스 ETF다.

QYLD는 앞서 소개한 것처럼 나스닥 또는 미국 증시가 전반적인 하락세일 때를 대비할 수 있는데, 상승세는 어느 정도 제한되는 대신 월 배당을 통해 세전 연 9~10%의 배당수익을 올릴 수 있다. 반면 MOAT는 강력한 해자를 지닌 미국의 대표기업 30~40개에 분산투자하기 때문에 초과성과를 올리기에 좋다. 이외에 XLK(4차 산업혁명 관련 테크산업), IPAY(모바일 결제 시스템), BOTZ(로보틱스&AI), LIT(전기차 관련 리튬·배터리), XAR(미국 항공·방산), 중국 인터넷 모바일 기업(KWEB) 등은 각 분야를 대표하는 기업에 분산투자하는 ETF들이다.

〈미국 ETF를 통한 자산배분 포트폴리오 예시〉

종목명	티커	시가총액 (억 원)	현재가 (USD)	배당수익률 (세전, 연)
아이셰어즈 코어 모더레이트 얼로케이션 ETF	AOM	14,271	37.94	2.90%
아이셰어즈 20+ 이어 트레저리 본드 ETF	TLT	213,409	167.81	1.81%
아이셰어즈 골드 트러스트	IAU	271,155	16.08	배당 없음
아이셰어즈 아이박스 USD 인베스트먼트 그레이드 커퍼레이트 본드 ETF	LQD	571,658	130.56	3.37%
인베스코 프리퍼드 ETF	PGX	64,853	14.01	5.94%
인베스코 QQQ 트러스트 시리즈 1	QQQ	1,175,489	215.29	0.84%
반에크 모닝스타 와이드 모트 ETF	MOAT	34,506	48.17	1.62%
테크놀로지 셀렉트 섹터 SPDR	XLK	319,327	89.26	1.46%
ETFMG 프라임 모바일 페이먼트 ETF	IPAY	6,347	40.67	0.04%
글로벌 X 로보틱스&아티피셜 인텔리전스 ETF	BOTZ	13,971	19.29	0.98%
글로벌 X 리튬&배터리 테크 ETF	LIT	5,177	24.51	2.32%
SPDR S&P 에어로스페이스&디펜스 ETF	XAR	16,083	80.80	1.40%
크레인셰어즈 CSI 차이나 인터넷 ETF	KWEB	28,793	48.74	0.09%
글로벌 X 나스닥 100 커버드 콜 ETF	QYLD	10,993	19.99	12.22%

배당 빈도	3개월 일평균거래량	1개월 수익률	3개월 수익률	연초대비 (YTD) 수익률	운용보수	ETF 보유 종목 수
분기	374,674	12.04%	-6.25%	9.85%	0.25%	8
매월	24,783,404	5.41%	22.14%	42%	0.15%	42
배당 없음	41,939,784	13%	7.99%	30.84%	0.25%	금 현물
매월	26,468,523	22.63%	2.01%	20.69%	0.15%	2006
매월	7,330,147	22.62%	-6.23%	11.34%	0.50%	284
분기	96,336,023	26.39%	-3.42%	41.01%	0.20%	103
연간	939,229	23.01%	-14.21%	18.52%	0.45%	48
분기	33,421,739	25.64%	-7.61%	46.69%	0.03%	72
분기	374,243	25.95%	-22.52%	16.40%	0.75%	40
반기	1,324,314	24.05%	-14.42%	16.24%	0.68%	40
반기	515,193	31.07%	-18.41%	-7.42%	0.75%	43
분기	410,040	24.92%	-30.07%	3.88%	0.35%	33
연간	3,032,444	17.70%	-9.67%	30.08%	0.68%	45
매월	910,181	10.75%	-14.18%	6.89%	0.60%	103

출처 | 블룸버그, 저자 정리 / 2020년 4월 20일 종가 기준

중국주식 대표주를 모아보자

실전
포트폴리오
6

    중국기업을 선호하는 투자자라면 어떤 포트폴리오를 짤 수 있을까? 중국시장은 모바일과 인터넷 규제가 굉장히 적어 시장이 자유롭다. 미국보다 빠르고 편한 모바일 인프라도 장점이다. 이 점을 염두에 두고 포트폴리오를 구성해보자.

    양대 산맥은 역시 알리바바와 텐센트다. 전자상거래 대표기업인 동시에 클라우드 비즈니스의 최강자인 알리바바, 모바일 메신저 위챗과 PC 메신저 QQ로 유명한 텐센트는 앞으로도 성장세가 기대되는 기업이다. 중통택배는 알리바바의 택배 아웃소싱 업체다. 전자상거래 기업이 성장할수록 같이 성장하는 분야이기 때문에 계속 주목할 필요가 있다.

중국판 배달의민족인 메이투안디앤핑, 그리고 알리바바에 이은 2위 기업 징동닷컴도 빼놓을 수 없다. 모두 텐센트가 대주주로 있는 기업들인데, 특히 징동닷컴은 이른바 '짝퉁'이 없고 진품만 파는 곳으로 유명하고 자체 물류 시스템을 갖췄다는 장점도 있다.

코로나19가 진정되면 보복적 소비의 수혜를 볼 수 있는 기업도 있다. 중국의 면세점·여행업 1위 기업인 중국국제여행사다. 또한 중국 항암제 1위 기업 항서제약은 우리나라 에이치엘비와 항암제 임상실험을 진행 중인 곳이라 최근 투자자들의 관심이 뜨겁다. 중국의 5G 관련 투자가 늘어나면서 더욱 성장하고 있는 중흥통신, 선난서키트, 광신과기에도 주목하자.

단, 유념해야 할 것이 있다. 10~20년 전 우리나라 성장세를 중국도 똑같이 이뤄낼 것이라 보고 중국 대표기업에 무조건 10년 묻어두려는 경우가 많다. 물론 중국의 성장세는 기대해볼 만하고, 성장하는 나라의 성장하는 기업에 장기투자하는 것은 대부분 좋은 결과를 가져오곤 한다. 그러나 중국은 정부 힘이 굉장히 크게 작용하기 때문에 정부가 언제든 1등 기업을 버리고 2등 기업을 키우는 갑작스러운 상황이 벌어질 수 있음을 유의하자. 즉 장기투자를 지향하되, 투자한 기업이 꾸준한 매출로 1위를 유지하고 있는지 늘 모니터링해야 한다. 늘 확인하고 감시하자. 내 돈을 지키는 사람은 결국 나일 수밖에 없다.

〈중국주식 포트폴리오 예시〉

상장 증시	종목명	티커	시가총액 (USD)	현재가 (USD)	PER (주가수익배율)	배당수익률 (세전, 연)
홍콩	텐센트홀딩스	700	3,895,786	407.80	37.77	0.25%
홍콩	메이투안디앤핑	03690	591,297	101.60	242.97	배당 없음
미국	알리바바	BABA	562,030	209.50	36.25	배당 없음
미국	징동닷컴	JD	67,777	46.15	159.02	배당 없음
미국	중통택배	ZTO	22,512	28.79	32.09	1.04%
중국	귀주모태주	600519	1,541,732	1227.30	37.68	1.18%
중국	해천미업	603288	338,248	125.26	63.15	0.78%
중국	중국평안보험	601318	1,331,936	73.50	8.77	2.52%
중국	중국국제여행사	601888	161,665	82.80	41.70	0.66%
중국	항서제약	600276	427,686	96.70	78.43	0.19%
중국	중흥통신	000063	173,496	40.70	33.19	배당 없음
중국	선난서키트	002916	80,242	236.45	60.12	0.26%
중국	광신과기	002281	21,347	31.53	61.25	0.54%
중국	이리실업	600887	185,010	30.50	26.37	2.30%

선난서키트는 상장 기간이 짧아 3년, 5년 데이터가 없다.

배당 빈도	3개월 일평균거래량	1개월 수익률	3개월 수익률	연초대비 (YTD) 수익률	1년 수익률	3년 수익률	5년 수익률
연간	30,239,709	13.40%	2.98%	30.24%	4.43%	20.17%	21.92%
배당 없음	33,001,969	20.95%	-8.14%	131.44%	84.06%	-	-
배당 없음	18,080,699	15.55%	-7.88%	52.84%	12.07%	22.84%	20.55%
배당 없음	20,110,032	22.54%	14.37%	120.50%	53.78%	10.74%	6.93%
배당 없음	2,869,936	17.88%	20.37%	86.27%	48.49%	32.55%	-
연간	4,279,424	18.55%	12.49%	111.09%	30.75%	45.57%	44.28%
연간	5,745,534	25.21%	11.79%	83.96%	45.58%	52.03%	32.26%
반기	68,000,665	6.52%	-16.10%	34.06%	-13.56%	30.13%	13.69%
연간	14,508,590	9.52%	-4.72%	38.43%	5.97%	47.34%	-
연간	24,017,892	20.63%	7.33%	120.60%	50.04%	48.32%	39.57%
연간	146,234,482	-2.82%	1.60%	107.76%	11.54%	33.09%	12.96%
연간	5,806,512	12.65%	37.14%	256.43%	127.37%	-	-
연간	24,189,782	-2.95%	-2.50%	18.17%	-0.56%	15.55%	16.08%
연간	53,987,155	7.58%	-7.27%	36.56%	-2.06%	20.29%	14.16%

출처 | 블룸버그, 저자 정리 / 2020년 4월 20일 종가 기준

베트남주식
대표주를
모아보자

실전
포트폴리오
7

최근 베트남 부동산, 베트남주식에 대한 투자자들의 관심이 엄청나다. 호치민, 하노이 등 대도시의 발전상과 다낭, 호이안 등 주요 관광지의 성장세를 직접 확인했기 때문이다. 실제로 필자가 2019년에 베트남 부동산 전망 및 베트남주식 세미나를 개최했을 때 250명 정원이 순식간에 마감될 정도였다. 물론 베트남 역시 중국과 마찬가지로 정부 입김이 센 국가라 잠재적 리스크가 있기는 하지만, 경제발전에 대한 의지와 가능성은 분명하다.

그렇다면 베트남 대표주로 구성한 포트폴리오는 어떨까? 우선 주목할 종목은 빈그룹과 빈홈즈다. 앞서 언급한 것처럼 베트남은 현재 부동산 개발에 박차를 가하고 있는데, 특히 호치민 1호선이 개통된다는 소식이 들리면서 역세권 투자에 이목이 쏠리고 있다. 빈그룹과 빈홈즈는 이 역세권 지역을 독점 개발 중인 1등주 기업으로, 장기투자할 가치도 충분하다. 이미 개발이 많이 진행되어 부동산 가격이 올라버린 호치민 시보다는 하노이의 저평가된 지역과 아파트에 투자하는 것이 낫다는 전문가 의견을 고려한다면, 중국주식처럼 10년을 내다보고 장기투자하는 것도 좋은 방법이다.

물론 베트남에 투자하려면 아파트 등 부동산을 직접 구매할 수도 있다. 하지만 매각 후 자금을 한국으로 가져오기가 대단히 어렵고, 정부의 감시와 견제가 만만치 않아 차라리 베트남 내에서 재투자하는 것이 나을 정도다. 하지만 베트남주식은 투자가 자유롭고 얼마든지 입출금할 수 있다.

물론 간과해서는 안 될 점도 있다. 2020년 1분기 기준 베트남증시 전체 시가총액은 삼성전자(약230조 원)보다도 적은 130조~150조 원으로, 이머징 마켓보다 아래인 '프런티어 마켓'에 해당한다. 증시 자체가 그리 크지 않아 일부 외국인이나 기관의 자금 흐름에 영향 받기 쉽다는 단점이 있다. 따라서 분할 투자해 적립식으로 쌓아가는 투자가 바람직하다. 신흥국 주식은 미국주식처럼 꾸준히 우상향하는 경우가 드물고 늘 위아래로 흔들릴 수 있으니, 이 부분을 염두에 두고 투자하는 것이 좋다.

〈베트남 대표주 포트폴리오 예시〉

종목명	티커	시가총액 (억 원)	현재가 (USD)	현재가 (원화)	목표주가 (세전, 연)	추가상승 여력	PER (주가수익율)	배당수익률 (세전, 연)
빈그룹	VIC	168,410	95,200	4,979	113,561	19.29%	41.20	비정기
빈홈즈 JSC	VHM	118,365	68,800	3,598	105,825	53.82%	10.58	1.81%
마산그룹	MSN	36,559	59,800	3,128	63,705	6.53%	12.53	비정기
비나밀크	VNM	91,165	100,100	5,235	128,353	28.22%	18.27	4.94%
호아 팟 그룹	HPG	30,830	21,350	1,117	31,080	45.57%	8.25	비정기
바오 비엣 홀딩스	BVH	18,577	47,850	2,503	67,700	41.48%	29.31	2.71%
페트롤 리멕스	PLX	27,310	43,850	2,293	61,467	40.17%	12.55	5.48%
베트남 무역은행	VCB	138,886	71,600	3,745	92,860	29.69%	14.31	1.29%
FPT	FPT	18,396	51,600	2,699	65,563	27.06%	11.14	3.70%

배당 빈도	3개월 일평균거래량	1개월 수익률	3개월 수익률	연초대비 (YTD) 수익률	1년 수익률	3년 수익률	5년 수익률
비정기	902,805	15.39%	-17.15%	-0.10%	-13.53%	41.52%	32.27%
비정기	933,096	7.84%	-20%	-5.16%	-21.78%	-	-
비정기	2,515,501	21.54%	10.13%	-22.84%	-31.74%	10.01%	3.13%
연간	1,575,189	11.22%	-15.88%	-13.48%	-21.94%	-2.87%	14.12%
연간	8,288,762	14.78%	-16.27%	-10.32%	-12.17%	10.87%	20.20%
연간	438,339	37.90%	-26.83%	-45.50%	-46.99%	-4.50%	8.10%
연간	439,021	14.04%	-17.32%	-9.14%	-20.66%	2.71%	-
연간	1,265,467	16.42%	-23.83%	35.01%	6.22%	28.25%	23%
반기	2,301,791	8.18%	-10.10%	39.84%	21.80%	23.03%	19.47%

자녀 증여를 위한
10년 대비 포트폴리오

실전
포트폴리오
8

이번에 살펴볼 포트폴리오는 장기투자를 위한 포트폴리오다. 특히 부모 투자자라면 '내 자식에게 주식을 사준다 생각했을 때 어떤 종목이 좋을까?'라는 고민을 한 번쯤 해봤을 것이다. 최소한 10년 뒤에 '그때 삼성전자 주식 사지 그러셨어요' 같은 이야기를 듣고 싶지 않다면 이 포트폴리오를 참고해보자. 물론 자신을 위해 10년 장기투자를 원하는 투자자에게도 도움이 될 것이다.

해당 포트폴리오에서는 아마존, 알파벳, 애플, 마이크로소프트, 버크셔해서웨이, 비자, 월트디즈니, 나이키 등 1등주를 기본으로 깔고, 미국의 인터넷 대표기업 30~40개를 추종하는 FDN을 편입했다. 사실 아마존이나 구글은 한 주 가격만 몇 백만 원이라 부담이 적지 않은데, 그렇다면 FDN이나 나스닥 QQQ를 편입하는 것도 좋은 방법이다. 또한 현재 중국의 모바일 기업들이 한창 성장하고 있음을 고려해 알리바바, 텐센트 등이 모두 들어 있는 KWEB도 편입했다.

10년 뒤를 내다볼 사업으로 꼽히는 바이오 헬스케어 주식도 빼놓을 수 없다. XLV(미국 헬스케어ETF), IBB(미국 바이오테크 기업), IHI(미국 의료기기) 등 여러 ETF가 있지만, 필자는 전 세계 대표 바이오 헬스케어 기업을 묶은 IXJ를 추천한다. 또한 10년 뒤에도 국방을 위한 군수산업은 존재할 것이기에, 미국의 대표 항공·방산기업에 분산투자하는 XAR도 편입했다. 장기투자를 원하는 투자자들은 이 포트폴리오를 기반으로 중국, 베트남, 일본, 유럽주식 등을 추가하거나 빼도 좋을 것이다.

지금까지 설명한 포트폴리오가 모두 정답은 아니다. 하지만 '나의 정답'을 위한 첫걸음은 될 수 있다. 실패하는 자는 설명하고, 성공하는 자는 행동한다. 하나씩 살펴보고 더하고 빼가면서 내 길을 만들어보자.

〈10년 장기투자 포트폴리오 예시〉

종목명	티커	시가총액 (억 원)	현재가 (USD)	PER (주가수익배율)	배당수익률 (세전, 연)
아마존	AMZN	14,436,475	2375.00	103.22	배당 없음
알파벳	GOOGL	10,736,994	1279.00	26.70	배당 없음
애플	AAPL	15,087,444	282.80	22.35	1.21%
마이크로소프트	MSFT	16,563,459	178.60	33.13	1.21%
버크셔해서웨이 B	BRK/B	5,647,022	191.20	18.39	배당 없음
비자	V	4,056,897	169.54	30.76	0.66%
월트디즈니	DIS	2,347,322	106.63	23.93	1.76%
나이키	NKE	1,704,742	89.91	30.91	1.03%
퍼스트 트러스트 다우존스 인터넷 ETF	FDN	95,392	139.83	-	배당 없음
크레인셰어즈 CSI 차이나 인터넷 ETF	KWEB	28,793	48.74	-	0.09%
아이셰어즈 글로벌 헬스케어 ETF	IXJ	25,960	68.13	-	1.59%
SPDR S&P 에어로스페이스&디펜스 ETF	XAR	16,083	80.80	-	1.40%
인베스코 QQQ 트러스트 시리즈 1	QQQ	1,175,489	215.29	-	0.84%

배당 빈도	3개월 일평균거래량	1개월 수익률	3개월 수익률	연초대비 (YTD) 수익률	1년 수익률	3년 수익률	5년 수익률
배당 없음	7,171,745	28.65%	27.36%	58.13%	27.57%	38.04%	43.50%
배당 없음	3,318,362	19.73%	-13.55%	22.40%	3.02%	14.13%	18.60%
분기	67,307,357	23.36%	-11.06%	82.42%	40.55%	27.51%	19.20%
분기	70,120,945	30.03%	7.17%	78.94%	46.69%	42.04%	35.74%
배당 없음	11,166,044	12.43%	-16.94%	-6.36%	-8.95%	5.03%	6.11%
분기	17,495,544	15.47%	-17.06%	29.50%	6.50%	23.76%	22.04%
반기	26,084,773	24.02%	-26.12%	-1.57%	-18.51%	-1%	1.12%
분기	13,511,619	33.30%	-13.75%	22.90%	1.89%	18.16%	13.73%
비정기	785,833	25.42%	-5.76%	19.86%	-1.76%	16.40%	15.96%
연간	3,032,444	17.70%	-9.67%	30.08%	0.02%	5.43%	6.37%
반기	268,260	27.23%	-3.68%	22.10%	20.42%	11.85%	6.44%
분기	410,040	24.92%	-30.07%	3.88%	-13.39%	7.25%	7.79%
분기	96,336,023	26.39%	-3.42%	41.01%	15.87%	18.53%	15.94%

출처 | 블룸버그, 저자 정리 / 2020년 4월 20일 종가 기준

| 부록 |

투자자가 가장 궁금해하는
해외주식 Q&A

한국인이 가장 많이 보유한
해외주식 톱20

[투자자가 가장 궁금해하는 해외주식 Q&A]

Q1 | 해외주식은 어떤 계좌로 매매하나요?

A 국내주식과 동일한 종합위탁계좌로 매매할 수 있습니다. 증권사별로 다르니 확인이 필요합니다.

Q2 | 해외주식은 미수거래가 가능한가요?

A 외화증권 매매를 위한 신용 공여는 불가능합니다. 단, 해외주식 담보대출은 가능한 증권사가 있으니 확인해보세요. (KB증권은 가능)

Q3 | 해외주식은 대차나 공매도가 가능한가요?

A 대차 서비스는 하지 않고 있으며, 공매도 또한 안 됩니다. 대차의 경우 현재 한국예탁결제원 검토사항입니다.

Q4 | 해외주식을 투자하려면 금액에 제한이 있나요?

A 투자금액에는 제한이 없으며, 별도로 신고할 필요도 없습니다.

Q5 | 해외주식을 매도한 후 그 돈으로 바로 다른 주식을 살 수 있나요?

A KB증권은 글로벌 원마켓 서비스 신청자에 한하여 온라인 거래 가능 국가의 경우 매도자금으로 바로 주식을 매수할 수 있습니다. 단, 베트남은 매도 결제 후에 매수가 가능합니다.

Q6 | 해외주식 서비스 국가의 상장종목은 모두 거래 가능한가요?

A 그렇습니다. 서비스 국가는 상장종목 전체가 거래 가능합니다.

(미국 OTC 불가, 중국의 경우 허용종목만 가능)

Q7 | 미국주식은 주문예약이 가능한가요?

A 오전 8시부터 오후 10시 30분까지 미국주식 개장 전 주문예약이 가능합니다. (서머타임 적용기간에는 1시간 빠릅니다.)

Q8 | 외국인도 한국 증권사를 통해 해외주식을 거래할 수 있습니까?

A KB증권에서는 미국, 캐나다 국적을 제외한 거주 외국인의 경우 해외주식 매매가 가능합니다.

Q9 | 해외주식은 타사 대체 입출고가 가능한가요?

A 가능합니다. 단, 베트남은 제도상 불가합니다.

Q10 | 베트남주식 매매는 어디서 할 수 있나요?

A KB증권의 경우 HTS, MTS에서 가능합니다. (ACE 불가)

Q11 | 해외주식은 어디에 보관합니까?

A 집중예탁법규에 의해 증권예탁원이 지정하는 보관은행에 보관합니다. 현재는 시티은행입니다.

Q12 | 외화를 직접 입금할 수는 없나요? 반드시 환전해야 하나요?

A KB증권의 경우 KB증권계좌에 외화연계계좌 등록이 가능하며, 등록된 해당 계좌로 외화를 직접 입금할 수 있습니다.

Q13 | 주식을 매도하면 금액이 외화로 입금되나요? 환전은 나중에 해도 되나요?

A 네, 주식의 매도자금은 외화로 입금되며, 환전은 원할 때 하면 됩니다. (단, KB증권 글로벌 원마켓 서비스 신청계좌는 매수 시 원화를 증거금으로 거래하고, 매도금액도 원화로 자동 환전됩니다.)

Q14 | 환전수수료가 있나요? 환율은 어떻게 적용되나요?

A KB증권의 경우 국민은행 실시간 전신환율을 제공합니다. 전신환율에는 기준 환율 대비 1%의 스프레드가 포함됩니다. (글로벌 원마켓 서비스는 기준환율로 자동 환전되며 환전수수료는 없습니다.)

Q15 | 해외주식 정보는 어디서 찾아볼 수 있습니까?

A 증권사 홈페이지 등에서 기업정보, 재무정보, 뉴스 등이 제공됩니다. KB증권에서는 홈페이지와 HTS, MTS에서 제공합니다.

Q16 | 영업점 관리자가 해외주식을 주문해줄 수 있습니까?

A 네, KB증권의 경우 영업점, 글로벌BK솔루션부 모두 가능합니다.

(전화주문만 되는 국가는 글로벌BK솔루션부에 문의하셔야 합니다.)

Q17 | 온라인 해외주식의 실시간 시세 확인이나 매매는 어디서 할 수 있습니까?

A KB증권의 경우 HTS와 MTS에서 미국, 중국, 홍콩, 일본, 베트남 주식을 거래할 수 있고 실시간 시세 신청도 가능합니다. 단, ACE에 서는 베트남주식을 거래할 수 없습니다.

Q18 | 실시간 시세를 신청하지 않으면 시세를 못 보나요?

A 신청하지 않으면 지연시세를 보게 됩니다. 해외주식은 기본이 15분 무료 지연시세입니다. 실시간 시세를 보려면 월정액을 지불 해야 합니다. 미국이나 중국, 일본의 경우 별도의 앱을 통해 실시간 시세를 볼 수 있습니다. (2부 참고)

Q19 | 배당은 어떻게 입금되며, 세금은 얼마인가요?

A 외화로 계좌에 입금되며, 세금은 15.4%가 원천징수됩니다.

Q20 | 해외주식 세금은 어떻게 되나요?

A 해외주식은 양도차익에 대한 과세대상으로, 종합소득세 신고 기간에 양도소득세 자진신고납부를 해야 합니다.

[한국인이 가장 많이 보유한 해외주식 톱20]

순위	국가	티커	종목명	보관금액(USD)	보관금액(KRW)
1	미국	AMZN	아마존닷컴	918,043,157	1,120,012,651,540
2	미국	MSFT	마이크로소프트	656,737,393	801,219,619,460
3	미국	AAPL	애플	636,107,788	776,051,501,360
4	미국	GOOGL	알파벳A	506,623,816	618,081,055,520
5	중국	600276	항서제약	501,454,085	611,773,983,700
6	미국	TSLA	테슬라	465,387,492	567,772,740,240
7	일본	8111	골드윈	319,073,710	389,269,926,200
8	일본	3659	넥슨	293,236,750	357,748,835,000
9	홍콩	00700	텐센트홀딩스	267,212,387	325,999,112,140
10	일본	3938	라인	262,198,349	319,881,985,780
11	미국	HAS	해스브로	231,445,556	282,363,578,320
12	미국	NVDA	엔비디아	194,885,093	237,759,813,460
13	미국	BABA	알리바바	193,205,827	235,711,108,940
14	미국	GOOG	알파벳C	160,531,657	195,848,621,540
15	미국	LQD	아이셰어즈 아이박스 USD 인베스트먼트 그레이드 커포레이트 본드 ETF	150,280,850	183,342,637,000
16	일본	4004	쇼와덴코	142,209,772	173,495,921,840
17	미국	DIS	월트디즈니	141,715,381	172,892,764,820
18	미국	CLOU	글로벌 X 클라우드 ETF	138,742,939	169,266,385,580
19	베트남	E1VFVN 30 VN	베트남 30지수 ETF	134,909,515	164,589,608,300
20	미국	GLD	SPDR 골드 셰어즈 ETF	134,576,727	164,183,606,940

출처 | 한국예탁결제원 / 2020년 4월 28일 종가 기준, 환율 1220원

[한국인이 가장 많이 보유한 미국주식 톱20]

순위	티커	종목명	보관금액(USD)	보관금액(KRW)
1	AMZN	아마존닷컴	918,043,157	1,120,012,651,540
2	MSFT	마이크로소프트	656,737,393	801,219,619,460
3	AAPL	애플	636,107,788	776,051,501,360
4	GOOGL	알파벳A	506,623,816	618,081,055,520
5	TSLA	테슬라	465,387,492	567,772,740,240
6	HAS	해스브로	231,445,556	282,363,578,320
7	NVDA	엔비디아	194,885,093	237,759,813,460
8	BABA	알리바바	193,205,827	235,711,108,940
9	GOOG	알파벳C	160,531,657	195,848,621,540
10	LQD	아이셰어즈 아이박스 USD 인베스트먼트 그레이드 커포레이트 본드 ETF	150,280,850	183,342,637,000
11	DIS	월트디즈니	141,715,381	172,892,764,820
12	CLOU	글로벌 X 클라우드	138,742,939	169,266,385,580
13	GLD	SPDR 골드 셰어즈 ETF	134,576,727	164,183,606,940
14	QQQ	인베스코 나스닥 100 ETF	120,705,842	147,261,127,240
15	V	비자	114,677,614	139,906,689,080
16	BRK.A	버크셔해서웨이A	111,225,080	135,694,597,600
17	BA	보잉	109,524,657	133,620,081,540
18	BND	뱅가드 토털 본드 마켓 ETF	106,270,481	129,649,986,820
19	AMD	어드밴스드 마이크로 디바이시스	105,532,501	128,749,651,220
20	QYLD	글로벌 X 나스닥100 커버드 콜 ETF	102,728,301	125,328,527,220

출처 | 한국예탁결제원 / 2020년 4월 28일 종가 기준, 환율 1220원

[한국인이 가장 많이 보유한 중국주식 톱20]

순위	티커	종목명	보관금액(USD)	보관금액(KRW)
1	600276	항서제약	501,454,085	611,773,983,700
2	601318	중국평안보험	132,966,565	162,219,209,300
3	600519	귀주모태주	112,396,217	137,123,384,740
4	601888	중국국제여행사	106,200,553	129,564,674,660
5	002916	선난서키트	58,256,895	71,073,411,900
6	603288	해천미업	55,183,825	67,324,266,500
7	002475	입신정밀	43,395,767	52,942,835,740
8	000063	중흥통신(ZTE)	40,419,481	49,311,766,820
9	600887	이리실업	37,579,975	45,847,569,500
10	000858	오량액	36,362,378	44,362,101,160
11	002415	하이크비전	31,256,829	38,133,331,380
12	000333	메이디그룹	30,119,013	36,745,195,860
13	600030	중신증권	29,293,636	35,738,235,920
14	600009	상해국제공항	27,571,088	33,636,727,360
15	600588	용우소프트웨어	26,450,614	32,269,749,080
16	002594	비야디(BYD)	26,377,109	32,180,072,980
17	002230	신비정보	25,387,270	30,972,469,400
18	600104	상해자동차	25,384,211	30,968,737,420
19	603259	우시앱택	23,403,210	28,551,916,200
20	600196	상해복성제약	21,423,993	26,137,271,460

출처 | 한국예탁결제원 / 2020년 4월 28일 종가 기준, 환율 1220원

[한국인이 가장 많이 보유한 일본주식 톱20]

순위	티커	종목명	보관금액(USD)	보관금액(KRW)
1	8111	골드윈	319,073,710	389,269,926,200
2	3659	넥슨	293,236,750	357,748,835,000
3	3938	라인	262,198,349	319,881,985,780
4	4004	쇼와덴코	142,209,772	173,495,921,840
5	5401	신일본제철	120,113,791	146,538,825,020
6	5020	JX홀딩스	53,473,632	65,237,831,040
7	7832	남코 반다이 홀딩스	53,338,428	65,072,882,160
8	7846	파이롯트	36,866,046	44,976,576,120
9	9766	코나미	36,224,047	44,193,337,340
10	9984	소프트뱅크	29,823,327	36,384,458,940
11	6460	세가 사미 홀딩스	16,283,154	19,865,447,880
12	7974	닌텐도	12,991,992	15,850,230,240
13	8508	J 트러스트	11,405,427	13,914,620,940
14	1306	노무라 토픽스 ETF	10,478,769	12,784,098,180
15	9468	가도가와 도완고	10,123,842	12,351,087,240
16	5451	요도가와 제강소	9,393,612	11,460,206,640
17	8984	다이와 하우스 리츠	9,178,121	11,197,307,620
18	5425	도쿄제철	8,957,906	10,928,645,320
19	9202	올 니폰 에어웨이스	6,982,561	8,518,724,420
20	6981	무라타제작소	6,381,061	7,784,894,420

출처 | 한국예탁결제원 / 2020년 4월 28일 종가 기준, 환율 1220원

[한국인이 가장 많이 보유한 베트남주식 톱20]

순위	티커	종목명	보관금액(USD)	보관금액(KRW)
1	E1VFVN 30 VN	베트남30지수 ETF	134,909,515	164,589,608,300
2	VIC	빈그룹	44,636,325	54,456,316,500
3	PLX	페트롤리멕스	35,914,329	43,815,481,380
4	BVH	바오비엣 홀딩스	27,350,750	33,367,915,000
5	MSN	마산그룹	18,756,167	22,882,523,740
6	OIL	페트로베트남 오일	17,737,735	21,640,036,700
7	HPG	호아 팟 그룹	17,446,878	21,285,191,160
8	VNM	비나밀크	11,502,271	14,032,770,620
9	VCB	베트남 무역은행	5,418,843	6,610,988,460
10	SSI	사이공증권	5,012,634	6,115,413,480
11	VJC	비엣젯 항공	3,088,330	3,767,762,600
12	VHM	빈홈즈	2,966,086	3,618,624,920
13	EVE	에버피아	2,815,213	3,434,559,860
14	GAS	페트로베트남 가스	2,760,993	3,368,411,460
15	BCG	뱀부 캐피털	2,714,192	3,311,314,240
16	CII	호치민 인프라 투자	2,377,913	2,901,053,860
17	PVT	페트로베트남 운송	2,021,625	2,466,382,500
18	CTG	베트남상업은행	2,010,863	2,453,252,860
19	BMI	바오민보험	1,619,014	1,975,197,080
20	BID	베트남개발은행	1,346,315	1,642,504,300

출처 | 한국예탁결제원 / 2020년 4월 28일 종가 기준, 환율 1220원

슈퍼리치는
해외주식에
투자한다

2020년 6월 10일 초판 1쇄 발행
2020년 9월 16일 초판 3쇄 발행

지은이 전래훈

펴낸이 권정희
펴낸곳 ㈜북스톤
주소 서울특별시 성동구 연무장7길 11, 8층
대표전화 02-6463-7000
팩스 02-6499-1706
이메일 info@book-stone.co.kr
출판등록 2015년 1월 2일 제2018-000078호
ⓒ 전래훈
(저작권자와 맺은 특약에 따라 검인을 생략합니다)
ISBN 979-11-87289-86-9 (03320)

이 책의 국립중앙도서관 출판예정도서목록(CIP)은 서지정보유통지원시스템 홈페이지(http://seoji. nl.go.kr)와 국가자료공동목록시스템(http://www.nl.go.kr/kolisnet)에서 이용하실 수 있습니다.(CIP 제어번호: CIP2020020092)

책값은 뒤표지에 있습니다. 잘못된 책은 구입처에서 바꿔드립니다.

북스톤은 세상에 오래 남는 책을 만들고자 합니다. 이에 동참을 원하는 독자 여러분의 아이디어와 원고를 기다리고 있습니다. 책으로 엮기를 원하는 기획이나 원고가 있으신 분은 연락처와 함께 이메일 info@book-stone.co.kr로 보내주세요. 돌에 새기듯, 오래 남는 지혜를 전하는 데 힘쓰겠습니다.